史記菁華錄

冊二

司馬遷 著

白山出版社

諸國皆有史以記事，故曰史記。

笄音鷄。禮記云：『女子許嫁而笄。』

（承上冊）

原文　四十六年，宣王崩，子幽王宫湦立。幽王二年，西周三川皆震。伯陽甫曰：『周將亡矣。夫天地之氣，不失其序；若過其序，民亂之也。陽伏而不能出，陰迫而不能蒸，於是有地震。今三川實震，是陽失其所而填陰[1]也。陽失而在陰，原[2]必塞；原塞，國必亡。夫水土演而民用也。土無所演，民乏財用，不亡何待！昔伊、洛竭而夏亡，河竭而商亡。今周德若二代之季矣，其川原又塞，塞必竭。夫國必依山川，山崩川竭，亡國之徵也。川竭必山崩。若國亡不過十年，數之紀也。天之所棄，不過其紀。』是歲也，三川竭，岐山崩。

三年，幽王嬖愛褒姒。褒姒生子伯服，幽王欲廢太子。太子母申侯女，而爲后。後幽王得褒姒，愛之，欲廢申后，幷去太子宜臼，以褒姒爲后，以伯服爲太子。周太史伯陽讀史記曰：『周亡矣。』昔自

夏后氏之衰也，有二神龍止於夏帝庭而言曰：『余，褒之二君。』夏帝卜殺之與去之與止之，莫吉。卜請其漦而藏之，乃吉。於是布幣而策告之，龍亡而漦在，櫝而去之。夏亡，傳此器殷。殷亡，又傳此器周，比三代，莫敢發之，至厲王之末，發而觀之。漦流於庭，不可除。厲王使婦人裸而譟之。漦化爲玄黿，以入王後宫。後宫之童妾旣齔而遭之，旣笄而孕，無夫而生子，懼而棄之。宣王之時童女謠曰：『檿弧萁服，實亡周國。』於是宣王聞之，有夫婦賣是器者，宣王使執而戮之。逃於道，而見鄉者後宫童妾所棄妖子出於路者，聞其夜啼，哀而收之，夫婦遂亡，犇於褒。褒人有罪，請入童妾所棄女子者於王以贖罪。棄女子出於褒，是爲褒姒。當幽王三年，王之後宫見而愛之，生子伯服，竟廢申后及太子，以褒姒爲后，伯服爲太子。太史伯陽曰：『禍成矣，無可奈何！』

戲舉烽火

周幽王爲博褒姒一笑，屢次點起烽火，招諸侯之兵。諸侯被戲弄後，無人相信烽火。其後犬戎來侵，幽王再舉烽火，諸侯救兵不至，西周遂亡。

褒姒不好笑，幽王欲其笑萬方，故不笑。幽王爲烽燧大鼓，有寇至則舉烽火。諸侯悉至，至而無寇，褒姒乃大笑。幽王說之，爲數舉烽火。其後不信，諸侯益亦不至。

幽王以虢石父爲卿，用事，國人皆怨。石父爲人佞巧善諛好利，王用之。又廢申后，去太子也。申侯怒，與繒、西夷犬戎攻幽王。幽王舉烽火徵兵，兵莫至。遂殺幽王驪山下，虜褒姒，盡取周賂而去。於是諸侯乃即申侯而共立故幽王太子宜臼，是爲平王，以奉周祀。

注釋　①填陰：爲陰氣所鎮伏。填，通「鎮」。②原：同「源」，水源。

譯文　四十六年，宣王駕崩，他的兒子幽王宮涅即位。幽王二年，周西部的豐、鎬和涇、渭、洛一帶發生地震。伯陽甫說：『周朝將要滅亡了。天地二氣，不可以失去它們的秩序；假如越過各自的秩序，就是因爲人才產生混亂的。陽氣潛伏起來無法表現，被陰氣壓迫無法上升蒸發，因此才出現地震。如今在涇、渭、洛一帶出現地震，是因爲陽氣無法上升被陰氣鎮伏。陽氣失去而被陰氣鎮伏，水源就一定會堵塞；水源被堵塞，國家就一定會滅亡。水土通暢，百姓才能得到財利。假如土壤中的水脈不再暢通，人民就是缺乏財利，國家這時不滅亡還等什麼時候呢？曾經伊水、洛水枯竭，夏朝滅亡；黃河水枯竭，結果商朝滅亡了。如今，周朝的德行就像夏、商兩代末年那樣，水源已經被堵塞，出現堵塞就一定會枯竭。建立國都必須要依仗高山大河，高山崩塌，大河枯竭，這是亡國的徵兆。水源枯竭一定會引起高山崩塌。如果亡國的話不會超過十年，因爲數是以十進位的。上天假如要拋棄我們，一定不會超過這個數字。』當年，涇、渭、洛的水源枯竭，岐山崩頹。

三年，幽王尤爲寵愛褒姒。褒姒爲幽王生下兒子伯服，於是，幽王就想廢黜太子。太子的母親是

周宣王姜后

周宣王能夠中興周朝，與王后姜氏勸他勤於政事是分不開的。

申侯的女兒，是幽王的王后。後來幽王得到褒姒，十分喜愛她，便想要廢黜申后，并免去太子宜臼，讓褒姒成爲王后，立伯服爲太子。周太史伯陽閱讀歷史記錄說道：『周朝就要亡國了。』昔日，夏后氏衰敗，出現了兩條神龍降落在夏帝的院子中并說道：『我們，是褒國的兩位君主。』夏帝進行占卜，殺掉它、趕走它或是留下它，都沒有吉利的。占卜問是不是能夠把龍的涎沫收藏起來，得到吉兆。於是，夏帝布置好布帛，在簡策上書寫，向神龍禱告，龍飛走以後留下了涎沫，夏帝命人把龍的涎沫盛在匣中收藏好。夏朝滅亡以後，這件器物傳給了商。商朝滅亡以後，這件器物又傳給了周。連續三個朝代，沒有誰敢打開它。到了厲王末年，厲王打開觀看。龍的涎沫流到庭院中，無論如何都無法去除。厲王讓女人不穿衣服裸體在院子中大聲呼喊。龍的涎沫變爲黑色的蜥蜴，鑽入王的後宮。後宮中有個剛七歲的女童，正巧碰上蜥蜴，這個女孩十五歲行過笄禮後就懷孕了，沒有丈夫卻生下孩子，女孩心裏害怕便把孩子扔掉了。宣王的時候有個童女唱歌謠說：『看到山桑製作的弓和箕木製成的箭囊，周朝就要滅亡了。』宣王聽到以後，正好看到有夫婦兩人在賣這兩樣東西，宣王於是命人把這對夫婦抓起來殺掉。這對夫婦逃跑的路上，看見之前後宮的女孩扔在路邊的孩子，他們聽到孩子在夜裏哭泣，因爲可憐這個孩子就收養了她。夫婦倆於是逃走跑到褒國。褒國人犯了罪，就請求向宣王獻上那個扔掉的孩子以便獲得赦免。這個被扔掉的女孩來自褒國，就是褒姒。在幽王三年的時候，王來到後宮看見褒姒，非常喜愛，便和她生下兒子伯服，然後竟廢黜申后和太子，立褒姒爲王后，立伯服爲太子。太史伯陽說：『災禍已經形成了，沒有什麼辦法了！』

褒姒不愛笑，幽王就想各種辦法逗她笑，但是褒姒就是不笑。幽王本來設有烽燧和大鼓，一旦有人來犯就點起烽火。有一次，幽王點燃烽火，諸侯都趕過來，但是卻沒有看到來犯者，褒姒看到這樣的情況大笑，幽王很喜歡，便爲褒姒多次點燃烽火召集諸侯。後來，諸侯都不再相信幽王，看到點起即王城也。平王以前號東都，至敬王以後及戰國爲西周也。

褒姒

西周幽王寵妃褒似，傳說爲宣王年間一小姑娘於『及笄』之年『不夫而育』生下的女嬰。

的烽火，諸侯也不來了。

幽王讓虢石父擔任卿士，負責國家大政，國都中的人都有怨言。虢石父這個人擅長阿諛奉承，而且貪圖錢財，幽王重用他。再加上幽王廢黜了申后，并廢掉太子。申侯被觸怒，於是聯合繒和西夷的犬戎攻打幽王。幽王點燃烽火想要徵發諸侯的軍隊，但是諸侯的軍隊都沒有趕來。於是，他們在驪山下把幽王殺死了，并擄走褒姒，把周的財物都搶劫一空才離開。這時諸侯都到申侯這裏，并擁立幽王以前的太子宜臼，這就是平王，來保持周朝的祀統。

原文 平王立，東遷於雒邑，辟戎寇。平王之時，周室衰微，諸侯強并弱，齊、楚、秦、晉始大，政由方伯。

四十九年，魯隱公即位。

五十一年，平王崩，太子洩父蚤[1]死，立其子林，是爲桓王。桓王，平王孫也。

桓王三年，鄭莊公朝，桓王不禮。五年，鄭怨，與魯易許田。許田，天子之用事太山田也。八年，魯殺隱公，立桓公。十三年，伐鄭，鄭射傷桓王，桓王去歸。

二十三年，桓王崩，子莊王佗立。莊王四年，周公黑肩欲殺莊王而立王子克。辛伯告王，王殺周公。王子克犇燕。

十五年，莊王崩，子釐王胡齊立。釐王三年，齊桓公始霸。

五年，釐王崩，子惠王閬立。惠王二年。初，莊王嬖姬姚，生子穨，穨有寵。及惠王即位，奪其大臣園以爲囿，故大夫邊伯等五人作亂，謀召燕、衛師，伐惠王。惠王犇溫，已居鄭之櫟。立釐王弟穨爲

傳云蘇忿生十二邑，桓王奪蘇子十二邑與鄭，故蘇子同五大夫伐惠王。

王。欒及遍舞，鄭、虢君怒。四年，鄭與虢君伐殺王頽，復入惠王。惠王十年，賜齊桓公爲伯。

注釋 ①蚤：通『早』。

譯文 平王即位以後，他把都城向東遷到雒邑，躲避戎寇。平王在位期間，周王室的統治日漸衰敗，諸侯中強大的吞并弱小的，齊、楚、秦、晉漸漸強大，政令往往出自稱霸的諸侯。

四十九年，魯隱公即位。

五十一年，平王駕崩，太子洩父很早就死了，於是立他的兒子林爲王，這就是桓王。桓王，是平王的孫子。

桓王三年，鄭莊公前來朝見，桓王沒有以禮相待。五年，鄭與魯國交換許田。許田，本來是天子用來祭祀泰山的土地。八年，魯國殺掉隱公，擁立桓公。十三年，桓王討伐鄭國，鄭國人射傷了桓王，桓王逃跑。

二十三年，桓王駕崩，他的兒子莊王佗即位。莊王四年，周公黑肩想要殺死莊王立王子克。辛伯把這件事報告給王，王殺掉周公黑肩。王子克逃到燕國。

十五年，莊王駕崩，他的兒子釐王胡齊即位。釐王三年，齊桓公開始在諸侯中稱霸。

五年，釐王駕崩，他的兒子惠王閬即位。惠王二年。當初，莊王的寵妾姚氏生下兒子頽，頽得到寵愛。等到惠王即位的時候，惠王剝奪大臣的園林作爲自己的獵場，因此惹怒大臣，大夫邊伯等五個人發動叛亂，他們謀劃召集了燕、衛的軍隊，共同討伐惠王。惠王逃到溫，不久到鄭國的櫟居住。他們擁立釐王的弟弟頽爲王。頽設禮宴請五位大夫，并演奏全套的舞樂，鄭、虢兩個國家的國君大怒。四年，鄭國和虢國的國君前來討伐，并殺掉王頽，重新迎立惠王。惠王十年，賞賜齊桓公爲伯。

原文 二十五年，惠王崩，子襄王鄭立。襄王母蚤死，後母曰惠后。惠后生叔帶，有寵於惠王，襄王畏之。三年，叔帶與戎、翟謀伐襄王，襄王欲誅叔帶，叔帶犇齊。齊桓公使管仲平戎於周，使隰朋平戎於晉。王以上卿禮管仲。管仲辭曰：『臣賤有司也，有天子之二守國、高在。若節春秋來承王命，何以禮焉。陪臣敢辭。』王曰：『舅氏，余嘉乃杜預云：『管仲不敢以職自高，卒受本位之禮也。』

勛，毋逆朕命。』管仲卒受下卿之禮而還。九年，齊桓公卒。十二年，叔帶復歸於周。

十三年，鄭伐滑，王使游孫、伯服請滑，鄭人囚之。鄭文公怨惠王之入不與厲公爵，又怨襄王之與衛滑，故囚伯服。王怒，將以翟伐鄭。富辰諫曰：『凡我周之東徙，晉、鄭焉依。子穨之亂，又鄭之由定，今以小怨棄之！』王不聽。十五年，王降翟師以伐鄭。王德翟人，將以其女爲后。富辰諫曰：『平、桓、莊、惠皆受鄭勞，王棄親親翟，不可從。』王不聽。十六年，王絀翟后，翟人來誅，殺譚伯。富辰曰：『吾數諫不從，如是不出，王以我爲懟乎？』乃以其屬死之。

初，惠后欲立王子帶，故以黨開翟人，翟人遂入周。襄王出犇鄭，鄭居王於氾。子帶立爲王，取①襄王所絀翟后與居溫。十七年，襄王告急於晉，晉文公納王而誅叔帶。襄王乃賜晉文公珪鬯弓矢，爲伯，

以河內地與晉。二十年，晉文公召襄王，襄王會之河陽、踐土，諸侯畢朝，書諱曰『天王狩於河陽』。

左傳曰：『仲尼曰「以臣召君，不可以訓」，故書曰「狩」。』

二十四年，晉文公卒。

三十一年，秦穆公卒。

三十二年，襄王崩，子頃王壬臣立。頃王六年，崩，子匡王班立。

匡王六年，崩，弟瑜立，是爲定王。

注釋　①取：同『娶』。

譯文　二十五年，惠王駕崩，他的兒子襄王鄭即位。襄王的母親很早就去世，後母就是惠后。惠后生下叔帶，很得惠王的寵愛，襄王對此很擔憂。三年，叔帶和戎、翟共同謀劃討伐襄王，襄王想要殺掉叔帶，叔帶逃到了齊。齊桓公命令管仲在戎和周之間説和，并派隰朋在戎和晉之間説和。王用上卿的禮儀招待管仲。管仲推辭説：『我是身份卑微的官員，現在天子的兩個上卿國氏和高氏都在。如果用春秋兩季的朝聘禮儀來受王命，這是不符合禮節的。作爲諸侯國的臣子請免去這個禮節吧。』王

說：『作爲舅舅家的人，我要嘉獎你的功勛，不可忤逆我的命令。』最後，管仲衹是受了下卿的禮儀而回。九年，齊桓公去世。十二年，叔帶重新回到周。

十三年，鄭討伐滑國，王命令游孫、伯服爲滑國求情，鄭國的人將他們囚禁起來。鄭文公埋怨惠王復國卻沒有賜給鄭厲公爵位，也怨恨襄王派人替滑國求情，因此便把伯服囚禁起來。王大怒，準備召集翟人討伐鄭。富辰勸諫說：『但凡我們周朝向東遷都，都是靠着晉、鄭兩國。子頹發動叛亂，也是靠鄭國才得以平定，如今我們怎麼可以因爲小的怨恨就拋棄它們呢？』王沒有聽從勸諫。十五年，王命令翟人的軍隊討伐鄭。王很感謝翟人，還打算讓他們的女子成爲王后。富辰又勸諫說：『平、桓、莊、惠四王都得到過鄭國的幫助，王拋棄了親近的人而和翟人親近，不可以啊。』王沒有聽從。十六年，王廢黜翟后，翟人前來討伐，殺掉譚伯。富辰說：『我多次勸諫王都不聽，如果遇到這樣的情況我不出戰，王一定以爲我是在怨恨吧？』於是，率領自己的屬下殉難。

當初，惠后打算擁立王子帶，因此便派黨羽充當翟人的內應，翟人這才攻進周。襄王逃到鄭時，鄭把王安頓在汜。子帶被立爲王，帶着襄王廢黜的翟后共同住在溫。十七年，襄王向晉發出求救，晉文公接納了王并殺死叔帶。襄王於是賞賜晉文公圭瓚、弓矢，并封他爲伯，還把河內的土地賞賜給晉。二十年，晉文公召見襄王，襄王在河陽、踐土與他見面，諸侯全來朝見，史書上隱晦地寫道『天王巡狩至於河陽』。

二十四年，晉文公去世。

三十一年，秦穆公去世。

三十二年，襄王駕崩，他的兒子頃王壬臣即位。頃王在位六年，駕崩，他的兒子匡王班即位。匡王在位六年，駕崩，他的弟弟瑜即位，這就是定王。

原文 定王元年，楚莊王伐陸渾之戎，次洛，使人問九鼎。王使王孫滿應設以辭，楚兵乃去。十年，楚莊王圍鄭，鄭伯降，已而復之。十六年，楚莊王卒。

二十一年，定王崩，子簡王夷立。簡王十三年，晉殺其君厲公，迎子周於周，立爲悼公。

皇覽曰：『靈王冢在河南城西南柏亭西周山上。蓋以靈王生而有髭，而神，故謚靈王。其冢，民祀之不絕。』

春秋曰：『子朝銘楚。』皇覽曰：『子朝冢在南陽西鄂縣。今西鄂晁氏自謂子朝後也。』

十四年，簡王崩，子靈王泄心立。靈王二十四年，齊崔杼弒其君莊公。

二十七年，靈王崩，子景王貴立。景王十八年，后太子聖而蚤卒。二十年，景王愛子朝，欲立之，會崩，子丐之黨與爭立，國人立長子猛爲王，子朝攻殺猛。猛爲悼王。晉人攻子朝而立丐，是爲敬王。

敬王元年，晉人入敬王，子朝自立，敬王不得入，居澤。四年，晉率諸侯入敬王於周，子朝爲臣，諸侯城周。十六年，子朝之徒復作亂，敬王犇於晉。十七年，晉定公遂入敬王於周。

三十九年，齊田常殺其君簡公。

四十一年，楚滅陳。孔子卒。

四十二年，敬王崩，子元王仁立。元王八年，崩，子定王介立。

定王十六年，三晉滅智伯，分有其地。

二十八年，定王崩，長子去疾立，是爲哀王。哀王立三月，弟叔襲殺哀王而自立，是爲思王。思王立五月，少弟嵬攻殺思王而自立，是爲考王。此三王皆定王之子。

考王十五年，崩，子威烈王午立。

譯文

定王元年，楚莊王討伐陸渾的戎族，將部隊駐扎在洛，并派人詢問九鼎的大小和輕重。王派王孫滿以言辭對答，楚兵最終撤退。十年，楚莊王包圍了鄭的都城，鄭伯出來投降，不久又恢復了鄭國。十六年，楚莊王去世。

二十一年，定王駕崩，他的兒子簡王夷即位。簡王十三年，晉殺了他們的國君厲公，從周迎接回子周，立他爲悼公。

十四年，簡王駕崩，他的兒子靈王泄心即位。靈王二十四年，齊國的崔杼殺掉了他的國君莊公。

二十七年，靈王駕崩，他的兒子景王貴即位。景王十八年，王后、太子聖明但是很早就去世了。

二十年，景王偏愛子朝，就想要立他爲太子，但是景王在這時去世，這時，景王的兒子丐一伙人就和應劭曰：『周孝王封伯翳之後爲侯伯，與周别五百載。至昭王時，西周君臣自歸受罪，獻其邑三十六城，合也。』

子朝爭奪王位，國都中的人擁立長子猛爲王，子朝於是攻殺猛。猛就是悼王。晉人攻打子朝并擁立丐爲王，他就是敬王。

敬王元年，晉人恭送敬王，子朝已經立爲王，敬王無法回到國中，便住在澤。四年，晉率領諸侯恭送敬王回到周，子朝成爲臣子，諸侯脩建了周都的城牆。十六年，子朝等人再次發動叛亂，敬王逃到晉。十七年，晉定公又把敬王送回周都。

三十九年，齊田常殺了他們的國君簡公。

四十一年，楚滅亡陳國。孔子去世。

四十二年，敬王駕崩，他的兒子元王仁即位。元王在位八年，駕崩，他的兒子定王介即位。

定王十六年，趙、魏、韓三國消滅智伯，瓜分了他的土地。

二十八年，定王駕崩，他的大兒子去疾即位，他就是哀王。哀王即位三個月，弟叔偸襲并殺死哀王自立，這就是思王。思王即位五個月，他的少弟嵬攻打并殺死思王自立，這就是考王。這三個王全都是定王的兒子。

考王十五年，駕崩，他的兒子威烈王午即位。

原文

考王封其弟於河南，是爲桓公，以續周公之官職。桓公卒，子威公代立。威公卒，子惠公代立，乃封其少子於鞏以奉王，號東周惠公。

威烈王二十三年，九鼎震。命韓、魏、趙爲諸侯。

二十四年，崩，子安王驕立。是歲盜殺楚聲王。

安王立二十六年，崩，子烈王喜立。烈王二年，周太史儋見秦獻公曰：『始周與秦國合而别，别五百載復合，合十七歲而霸王者出焉。』

十年，烈王崩，弟扁立，是爲顯王。顯王五年，賀秦獻公，獻公稱伯。九年，致文武胙於秦孝公。二十五年，秦會諸侯於周。二十六年，周致伯於秦孝公。三十三年，賀秦惠王。三十五年，致文武胙於秦惠王。四十四年，秦惠王稱王。其後諸侯皆爲王。

四十八年，顯王崩，子慎靚王定立。慎靚王立六年，崩，子赧王延立。王赧時東西周分治。王赧徙都西周。

譯文 考王封他的弟弟在河南，這就是西周桓公，讓他繼續周公的職務。桓公去世，他的兒子威公即位。威公去世，他的兒子惠公即位，於是封賞自己的小兒子在鞏，讓他服侍周王，號稱東周惠公。

威烈王二十三年，安放九鼎的王城發生地震。任命韓、魏、趙爲諸侯。

二十四年，駕崩，他的兒子安王驕即位。當年，楚聲王爲地位低賤的人所殺。

安王在位二十六年，駕崩，他的兒子烈王喜即位。烈王二年，周太史儋見秦獻公，說道：『當初，周與秦國是合在一起的，但是後來分開了，分開五百年以後，二者又合在一起，合在一起十七年又會有霸主出現。』

十年，烈王駕崩，他的弟弟扁即位，這就是顯王。顯王五年，向秦獻公祝賀，獻公稱伯。九年，把祭祀文、武二王的祭肉送給了秦孝公。二十五年，秦在周和各個諸侯會見。二十六年，周賞賜給秦孝公伯的稱號。三十三年，恭賀秦惠王。三十五年，把祭祀文、武二王的祭肉送給秦惠王。四十四年，秦惠王稱王。從此以後，諸侯都稱王。

四十八年，顯王駕崩，他的兒子慎靚王定即位。慎靚王在位六年，駕崩，他的兒子赧王延即位。赧王在位的時候，東周和西周已經分裂，各自實行管理。王赧將都城遷到西周。

原文 西周武公之共太子死，有五庶子，毋適立。司馬翦謂楚王曰：『不如以地資公子咎，爲請太子。』左成曰：『不可。周不聽，是公之知困而交疏於周也。不如請周君孰欲立，以微告翦，翦請令楚之以地。』果立公子咎爲太子。

八年，秦攻宜陽，楚救之。而楚以周爲秦故，將伐之。蘇代爲周說楚王曰：『何以周爲秦之禍也？言周之爲秦甚於楚者，欲令周入秦也，故謂「周秦」也。周知其不可解，必入於秦，此爲秦取周之精者也。爲王計者，周於秦因善之，不於秦亦言善之，以疏之於秦。周絕於秦，必入於郢矣。』

解音紀買反。代言周若知楚疑親秦，其計定不可解免，周必親於秦也。是爲秦取周精妙之計。

徐廣曰：『陽翟雍氏城也。戰國策曰「韓兵入西周，西周令成君辯說秦求救」，當是說此事而脫誤也。』

秦借道兩周之間，將以伐韓，周恐借之畏於韓，不借畏於秦。史厭謂周君曰：『何不令人謂韓公叔曰「秦之敢絕周而伐韓者，信東周也。公何不與周地，發質使之楚」？秦必疑楚不信周，是韓不伐也。又謂秦曰「韓強與周地，將以疑周於秦也，周不敢不受」。秦必無辭而令周不受，是受地於韓而聽於秦。』

秦召西周君，西周君惡往，故令人謂韓王曰：『秦召西周君，將以使攻王之南陽也，王何不出兵於南陽？周君將以爲辭於秦。周君不入秦，秦必不敢逾河而攻南陽矣。』

東周與西周戰，韓救西周。或爲東周說韓王曰：『西周故天子之國，多名器重寶。王案兵毋出，可以德東周，而西周之寶必可以盡矣。』

王赧謂成君。楚圍雍氏，韓徵甲與粟於東周，東周君恐，召蘇代

而告之。代曰：『君何患於是。臣能使韓毋徵甲與粟於周，又能爲君得高都。』周君曰：『子苟能，請以國聽子。』代見韓相國曰：『楚圍雍氏，期三月也，今五月不能拔，是楚病也。今相國乃徵甲與粟於周，是告楚病也。』韓相國曰：『善。使者已行矣。』代曰：『何不與周高都？』韓相國大怒曰：『吾毋徵甲與粟於周亦已多矣，何故與周高都也？』代曰：『與周高都，是周折而入於韓也，秦聞之必大怒忿周，即不通周使，是以弊高都得完周也。曷爲不與？』相國曰：『善。』果與周高都。

譯文

西周武公的共太子去世，他另外還有五個兒子是庶出的，沒有適合立爲太子的。司馬翦對楚王說：『不如用土地來資助公子咎，爲他請求被立爲太子。』左成說：『不可以。周不聽從我們的，這樣您就知道自己處於困境了，而且和周的關係也會漸漸疏遠。不如去問問周君究竟想要立誰爲太子，然後悄悄告訴給翦，翦再讓楚國提供資助的土地。』結果，西周果真立公子咎爲太子。

八年，秦攻打宜陽，楚派兵營救。而楚國認爲周幫助秦國，因此就要攻打周。蘇代爲周到楚王那裏游說：『您怎麼就認爲周是您攻打秦國的禍患呢？宣揚周幫助秦國比幫助楚國更賣力的人，其實是想讓周投靠到秦的那一方，這就是所謂的「周秦」。周知道自己無法解脫，就一定會投向秦的一方，這正是幫助秦國取得周的妙計啊。假如從大王的角度考慮，周爲秦出力，您也要和善對待；不爲秦出力，您也要好好待他，這樣，才能讓周和秦疏遠。周和秦絕交，就一定會投向楚國的郢都。』

秦想在東周和西周之間借道，想要去討伐韓，周很擔憂，借道給秦會得罪韓，不借又可能得罪秦。史厭對周君說道：『怎麼不派人去求見韓公叔呢？并對韓公叔說：「秦國敢從周借道去攻打韓，是因爲相信東周。您爲什麼不能給周一些土地，并向楚國派出人質呢？」這樣，秦國就一定會對楚國產生懷疑，并且不再相信周，這樣就不會攻打韓了。然後，您再派人到秦國說：「韓強行要給周一些土地，用這樣的辦法使秦懷疑周，周不敢不接受。」秦就一定沒有什麼說辭來讓周拒絕韓的土地了，這樣您既得到了韓的土地，又沒有違抗秦。』

秦召見西周君，西周君不願意前去，因此便派人對韓王說：『秦召見西周君，想要派他去攻打王的南陽，王爲什麼不出兵南陽呢？西周君就會把這個作爲理由而不去朝見秦。假如西周君不去秦國朝見，秦一定不敢越過黃河去攻打南陽了。』

東周和西周交戰，韓前去營救西周。有人幫助東周對韓王說：『西周曾經是天子的舊都，有很多名貴的器物和珍寶，如果大王按兵不動，就能夠給東周恩德，而西周的珍寶也能夠全部得到。』

赧王被稱爲成君。楚圍攻雍氏的時候，韓在東周徵發甲冑和糧食，東周君非常恐慌，便召見蘇代并告訴他這些情況。蘇代說：『您何必爲這件事擔憂呢。臣可以讓韓不向東周徵發甲冑和糧食，又能讓您得到高都。』東周君說：『如果你眞的能做到這些，我就讓全國的百姓都聽從你。』蘇代求見韓國的相邦，并對他說：『楚包圍雍氏，預計三個月攻下，現在已經有五個月了，但是仍然沒能拔取，這說明楚已經有嚴重的問題了。如今，相邦您竟然向周徵發了甲冑和糧食，這就相當於告訴楚，韓也損耗嚴重。』韓的相邦說：『很好。但是使者已經出發了。』蘇代說：『不如把高都送給周？』韓的相邦大怒，說：『我沒有向周徵發甲冑和糧食已經做的夠多了，爲什麼還要把高都送給周呢？』蘇代說：『送給周高都，這樣，周就會轉而投向韓，秦聽說以後一定會大怒，并怨恨周，立即會停止和周互通使節，這就是用遭受破壞的高都來換取完整的周地。有什麼理由不給呢？」相邦說：『好。』結果，眞的把高都給了周。

謂伊闕塞也，在洛州南十九里。伊闕山今名鍾山。酈元注水經云：『兩山相對，望之若闕，伊水歷其間，故謂之伊闕。』

司馬彪云：『華陽，亭名，在密縣。』秦昭王三十三年，秦背魏約，使客卿胡傷擊魏將芒卯華陽，破之。』

原文 三十四年，蘇厲謂周君曰：『秦破韓、魏，撲師武，北取趙藺、離石者，皆白起也。是善用兵，又有天命。今又將兵出塞攻梁，梁破則周危矣。君何不令人說白起乎？曰「楚有養由基者，善射者也。去柳葉百步而射之，百發而百中之。左右觀者數千人，皆曰善射。有一夫立其旁，曰『善，可教射矣』。養由基怒，釋弓搤劍，曰『客安能教我射乎？』客曰『非吾能教子支左詘右也。夫去柳葉百步而射之，百發而百中之，不以善息，少焉氣衰力倦，弓撥矢鉤，一發不中者，百發盡息』。今破韓、魏，撲師武，北取趙藺、離石者，公之功多矣。今又將兵出塞，過兩周，倍①韓，攻梁，一舉不得，前功盡棄。公不如稱病而無出」』。

四十二年，秦破華陽約。馬犯謂周君曰：『請令梁城周。』乃謂梁王曰：『周王病若死，則犯必死矣。犯請以九鼎自入於王，王受九鼎而圖犯。』梁王曰：『善。』遂與之卒，言戍周。因謂秦王曰：『梁非戍周也，將伐周也。王試出兵境以觀之。』秦果出兵。又謂梁王曰：『周王病甚矣，犯請後可而復之。今王使卒之周，諸侯皆生心，後舉事且不信。不若令卒爲周城，以匿事端。』梁王曰：『善。』遂使城周。

四十五年，周君之秦客謂周冣曰：『公不若譽秦王之孝，因以應爲太后養地，秦王必喜，是公有秦交。交善，周君必以爲公功。交惡，勸周君入秦者必有罪矣。』秦攻周，而周冣謂秦王曰：『爲王計者不攻周。攻周，實不足以利，聲畏天下，天下以聲畏秦，必東合於齊。兵弊於周。合天下於齊，則秦不王矣。天下欲弊秦，勸王攻周。秦與天下弊，則令不行矣。』

五十八年，三晉距秦。周令其相國之秦，以秦之輕也，還其行。客謂相國曰：『秦之輕重未可知也。秦欲知三國之情。公不如急見秦王曰「請爲王聽東方之變」，秦王必重公。重公，是秦重周，周以取秦也；齊重，則固有周聚以收齊：是周常不失重國之交也。』秦信周，發兵攻三晉。

注釋 ①倍：同『背』，背向。

譯文 三十四年，蘇厲對周君說：『秦攻破了韓、魏，殺掉師武，在北面取得了趙國的藺、離石，都是依靠白起。這是因爲白起善於用兵，又有天命幫助他。現在他又要率兵出塞去攻打大梁，如果大梁被攻破，那麼周也危險了。您何不派人去游說白起呢？說：「楚國有位名叫養由基的人，他非常擅長射箭，站在距離百步的地方射擊柳葉，百發百中。每次射擊，左右圍觀的有幾千人，全都稱贊他擅長射擊。一天，一個男子站在他的身旁，說道：『好，可以讓我教你射箭了。』養由基大怒，放下弓，拿起劍，說道：『外來的人，你憑什麼教我射箭？』那個男子說：『我并不是眞的可以教您左手拿弓右手摳弦。距離百步的柳葉，你來射擊它，百發百中，不知道如何圓滿收手，過不了多長時間，你就會力氣衰竭，疲倦，弓歪矢曲，衹要有一發不能射中，你之前的百發就會前功盡棄。』」如今，攻破韓、魏，殺掉師武，在北面取得趙國的藺、離石，您的功勞已經很多。現在您又奉命帶兵出塞，經過東周、西周，背靠韓，去攻打大梁，如果有一戰不能勝利，之前的功勞就都白費了。您不如告病，不再出任將領。』

四十二年，秦攻破了華陽要塞。馬犯對周君說：『請讓我去魏國的大梁游說爲周築起城池吧。』於是就對魏王說：『周王假如因爲擔憂秦伐周而憂患死去，那麼我也必死無疑了。我請求讓我把九鼎獻給大王，大王接受了九鼎就要爲我所說的事情圖謀。』魏王說：『好。』於是給馬犯士兵，聲稱是去戍守周城。馬犯趁機又對秦王說：『魏派兵不是要守衛周城，而是要攻打周。大王您可以派兵出境觀察一下。』秦果然出兵。馬犯又對魏王說：『周王的擔憂已經解除了，進獻九鼎的事情沒有辦成，請讓我以後等待時機再進獻吧。如今大王派兵到周，諸侯都會心生疑慮，以後再有什麼行動人家也不會再相信了。不如讓士兵幫忙修建周城，以隱藏最初的目的。』魏王說：『好。』於是便派兵修築周城。

四十五年，周君的秦國賓客對周冣說：『您不如去贊美秦王的孝順，幷趁機將應地送給秦的太后做她的供養之地，秦王一定會非常歡喜，這樣您就和秦有了交情。關係好，西周君一定認爲是您的功勞，關係不好，勸說周君進入秦的人就一定會獲罪。』秦攻打周，而周冣對秦王說：『我爲大王考慮，還是不要攻打周。攻打周，實際上幷不能獲得足夠的利益，卻會讓全天下都知道秦的壞名聲，天下人會因爲秦的壞名聲從而討厭畏懼秦，就一定會聯合東面的齊。由於攻打周而消耗兵力，讓天下都和齊聯合，那麼秦就不能夠稱王了。天下的人爲了破壞秦，就會勸大王攻打周。秦如果接受天下的這種損害，那麼號令就很難行得通了。』

五十八年，三晉共同抵抗秦。周派它的相邦到秦國，由於秦瞧不起周，因此延緩了行動。有游說的人對相邦說：『秦對周的態度現在還無法知道。秦很想知道三晉各國的情況。您現在不如馬上去見秦王對他說「請讓我爲王去刺探東方各國的情況」，這樣，秦王就一定會重視您。重視您，秦就會重視周，周就可以和秦親近；齊重視周，則本來就有周和齊親善：這樣周就可以始終和大國保持交誼。』秦相信了，發兵攻打三晉。

皇甫謐曰：『周凡三十七王，八百六十七年。』

原文

五十九年，秦取韓陽城負黍，西周恐，倍秦，與諸侯約從，將天下銳師出伊闕攻秦，令秦無得通陽城。秦昭王怒，使將軍摎攻西周。西周君犇秦，頓首受罪，盡獻其邑三十六，口三萬。秦受其獻，歸其君於周。

周君、王赧卒，周民遂東亡。秦取九鼎寶器，而遷西周公於狐。後七歲，秦莊襄王滅東周。東西周皆入於秦，周既不祀。

太史公曰：學者皆稱周伐紂，居洛邑，綜其實不然。武王營之，成王使召公卜居，居九鼎焉，而周復都豐、鎬。至犬戎敗幽王，周乃東徙於洛邑。所謂『周公葬於畢』，畢在鎬東南杜中。秦滅周。漢興九十有餘載，天子將封泰山，東巡狩至河南，求周苗裔，封其後嘉三十里地，號曰周子南君，比列侯，以奉其先祭祀。

譯文

五十九年，秦奪取了韓的陽城與負黍，西周非常恐慌，背叛了秦，和諸侯合縱，發動天下的精兵從伊闕山出兵攻打秦，結果令秦兵無法到達陽城。秦昭王大怒，便派兵攻打西周。西周君逃到秦，叩首向秦認罪，并將三十六座城邑全部獻上，還獻上三萬人口。秦接受了西周的進獻，釋放西周君讓他回到周。

周君、赧王去世，周的居民便都向東逃亡。秦獲得九鼎等貴重寶物，并把西周君遷走。七年以後，秦莊襄王滅亡東周。東周、西周全部歸入秦，從此，周祀統斷絕。

太史公說：學者都說周討伐了商紂，把都城建在洛邑，總體上看，其實并不是這樣。儘管武王曾經圖謀過，成王也派召公占卜，把九鼎安放在那裏，但周仍然在豐、鎬建過都。一直到犬戎打敗幽王，周才將都城東遷到洛邑。所謂『周公葬於畢』，畢在位於鎬東南的杜中。是秦消滅了周。漢朝建立九十多年以來，天子想要在泰山舉行封禪大禮，向東巡守到達河南，訪求周的後裔子孫，并封給周的後人嘉三十里的土地，號稱周子南君，爵位比同列侯，以保持對他的祖先的祭祀。

賞析　《周本紀》概括地記述了周王朝興衰的歷史，勾畫出一個天下朝宗、幅員遼闊的強大王朝的概貌，以及其間不同階段、不同君王厚民愛民或傷民虐民的不同政治作風，君臣之間協力相助共圖大業或相互傾軋、各執己見的不同政治氣氛。

司馬遷以儒家的思想觀點來看待周史，宣揚了仁義興邦的道理。這突出地表現在對文王、武王、成王、周公的敘寫上。這幾個人都是儒家理想中聖主賢臣的典範，周初那種君臣和睦的局面也正是儒家理想中的政治環境。篇中對武王着意進行了刻畫，在敘寫了他滅殷的過程之後，又寫了他實行分封、以殷制殷等安邦定國、攘邊安內的政策策略，給讀者展示了一個有宏圖大略和經營之術的古代政治家形象。

周朝自成王之後，沒有出現什麼賢聖君主，卻出現了幾個昏庸暴君，司馬遷對一般君主都輕輕幾筆帶過，而對幾個昏庸暴君則給以重墨。如厲王的專利塞言和幽王的寵婦戲臣都寫得像精彩的戲劇，既有歷史背景的鋪排，又有人物性格的展現，於嚴峻的形勢之中，突出了他們的昏庸暴虐、剛愎拒諫，給文學史的人物畫廊中增添了幾個精彩的形象。與此同時，司馬遷還爲讀者展現了幾位盡忠敢諫的輔臣形象。如祭公謀父、芮良夫、召公等等，都寫得精彩感人。

《周本紀》選材精審，詳略得當，間或用小說筆法渲染環境、烘託氣氛，於細行微言之中突出人物性格，使得一篇約八百年的王朝史簡明扼要，跌宕生姿，令人回味無窮。

【集評】【索隱述贊】后稷居邰，太王作周。丹開雀錄，火降烏流。三分既有，八百不謀。蒼兕誓衆，白魚入舟。太師抱樂，箕子拘囚。成康之日，政簡刑措。南巡不還，西服莫附。共和之後，王室多故。檿弧興謠，龍漦作蠹。頹帶荏禍，實傾周祚。

秦始皇本紀

【題解】《秦始皇本紀》選自《史記》卷六，本紀第六，是本書所選篇目中最長的一篇。《秦始皇本紀》是《史記》中第一篇以人物爲中心的編年體帝王本紀，記載了秦始皇及秦二世一生的主要活動和所發生的重大事件，條理清晰，內容豐富，真實地反映了秦王朝建立前後四十年間風雲變幻的歷史場面。

【原文】秦始皇帝者，秦莊襄王子也。莊襄王爲秦質子於趙，見呂不韋姬，悅而取之，生始皇。以秦昭王四十八年正月生於邯鄲。及生，名爲政，姓趙氏。年十三歲，莊襄王死，政代立爲秦王。當是之時，秦地已并巴、蜀、漢中，越宛有郢，置南郡矣；北收上郡以東，有河東、太原、上黨郡；東至滎陽，滅二周，置三川郡。呂不韋爲相，封十萬戶，號曰文信侯。招致賓客游士，欲以并天下。李斯爲舍人。蒙驁、王齮、麃公等爲將軍。王年少，初即位，委國事大臣。

秦始皇

晉陽反，元年，將軍蒙驁擊定之。二年，麃公將卒攻卷，斬首三萬。三年，蒙驁攻韓，取十三城。王齮死。十月，將軍蒙驁攻魏氏暘、有詭。歲大饑。四年，拔暘、有詭。三月，軍罷。秦質子歸自趙，趙太子出歸國。十月庚寅，蝗蟲從東方來，蔽天。天下疫。百姓內粟千石，拜爵一級。五年，將軍驁攻魏，定酸棗、燕、虛、長平、雍丘、山陽城，皆拔之，取二十城。初置東郡。冬雷。六年，韓、魏、趙、衛、楚共擊秦，取壽陵。秦出兵，五國兵罷。拔衛，迫東郡，其君角率其支屬徙居野王，

阻其山以保魏之河內。七年，彗星先出東方，見北方，五月見西方。將軍驁死。以攻龍、孤、慶都，還兵攻汲。彗星復見西方十六日。夏太后死。八年，王弟長安君成蟜將軍擊趙，反，死屯留，軍吏皆斬死，遷其民於臨洮。將軍壁死，卒屯留、蒲鶮反，戮其屍。河魚大上，輕車重馬東就食。

譯文

秦始皇，是秦國莊襄王的兒子。莊襄王曾經爲了秦國，在趙國做過人質，他看見呂不韋的歌姬，十分喜歡，就娶了她，生下的孩子就是始皇。秦始皇秦昭王四十八年正月在邯鄲出生。他出生之後，取名爲政，姓趙。十三歲的時候，莊襄王去世，趙政被擁立爲秦王。當時，秦國已經吞并了巴、蜀、漢中等地，跨越宛地占領了郢都，在那裏設置了南郡；秦國北上收復了上郡以東地區，包括河東、太原和上黨郡；向東占領了滎陽，消滅了東、西周兩個國家，設置了三川郡。秦王趙政任命呂不韋爲相國，賞十萬戶，賜封文信侯。呂不韋招攬了很多有識之士，想要將天下的能人義士都網羅過來。李斯是呂不韋帳下的一個門客，蒙驁、王齮、麃公等是將軍。秦王剛剛登上王位的時候年紀還小，國事

多託付給朝中大臣打理。

晉陽發生叛亂，元年，將軍蒙驁前往鎮壓。二年，麃公帶領士兵攻打卷邑，斬獲敵軍首級三萬。三年，蒙驁攻打韓國，接連攻下十三座城池。王齮去世。十月，將軍蒙驁攻打魏國暘邑、有詭。這一年糧食收成不好。四年，蒙驁攻占了暘邑、有詭兩地。三月，蒙驁撤軍。秦國的人質從趙國返回秦國，趙國的太子從秦國返回趙國。十月庚寅，很多蝗蟲從東方飛來，鋪天蓋地。天下瘟疫橫行。百姓衹要上繳一千石粟米就可以被授予一級爵位。五年，將軍蒙驁帶兵攻打魏國，酸棗、燕邑、虛邑、長平、雍丘、山陽城，全部被一一攻克，一共奪取了二十座城池。秦國這一年設立了東郡。冬天的時候天上響起滾滾春雷。始皇六年，韓、魏、趙、衛、楚五個國家一起攻打秦國，占領了壽陵。秦國出兵鎮壓，五國的軍隊從壽陵撤了回來。秦國打敗衛國，直逼東郡，衛國君主角率領他的親屬遷居到野王，憑借險峻的山勢才保住魏國的河內地區。七年，彗星先在東方出現，又在北方出現，五月的時候在西方出現。蒙驁將軍去世。他是在攻打龍邑、孤邑、慶都，接着再回軍攻打汲邑的時候死去的。彗星又出現在西方十六天。夏太后去世。八年，秦王的弟弟長安君親自帶領將士攻打趙國，他發動叛亂，在屯留去世，他手下的軍吏全部被斬首，屯留的百姓都被遷徙到臨洮。將軍壁去世，士兵屯留、蒲鶮起兵叛亂，對將軍壁進行鞭尸。大量的河魚被沖到平地上，秦國人駕着輕車重馬趕到東邊平地找吃的。

【原文】嫪毐封爲長信侯。予之山陽地，令毐居之。宮室車馬衣服苑囿馳獵恣毐。事無小大皆決於毐。又以河西太原郡更爲毐國。九年，彗星見，或竟天。攻魏垣、蒲陽。四月，上宿雍。己酉，王冠，帶劍。長信侯毐作亂而覺，矯王御璽及太后璽以發縣卒及衛卒、官騎、戎翟君公、舍人，將欲攻蘄年宮爲亂。王知之，令相國昌平君、昌文君發卒攻毐。戰咸陽，斬首數百，皆拜爵，及宦者皆在戰中，亦拜爵一級。毐等敗走。即令國中：有生得毐，賜錢百萬；殺之，五十萬。盡得毐等。衛尉竭、內史肆、佐弋竭、中大夫令齊等二十人皆梟首。車裂以徇，滅其宗。及其舍人，輕者爲鬼薪。及奪爵遷蜀四千餘家，家房陵。

易，以致反。言始皇居儉約之時易以謙卑。

是月寒凍，有死者。楊端和攻衍氏。彗星見西方，又見北方，從斗以南八十日。十年，相國呂不韋坐嫪毐免。桓齮爲將軍。齊、趙來置酒。齊人茅焦說秦王曰：『秦方以天下爲事，而大王有遷母太后之名，恐諸侯聞之，由此倍秦也。』秦王乃迎太后於雍而入咸陽，復居甘泉宮。

大索，逐客，李斯上書說，乃止逐客令。李斯因說秦王，請先取韓以恐他國，於是使斯下韓。韓王患之，與韓非謀弱秦。大梁人尉繚來，說秦王曰：『以秦之強，諸侯譬如郡縣之君，臣但恐諸侯合從，翕而出不意，此乃智伯、夫差、湣王之所以亡也。願大王毋愛財物，賂其豪臣，以亂其謀，不過亡三十萬金，則諸侯可盡。』秦王從其計，見尉繚亢禮，衣服食飲與繚同。繚曰：『秦王爲人，蜂準，長目，摯①鳥膺，豺聲，少恩而虎狼心，居約易出人下，得志亦輕食人。我布衣，然見我常身自下我。誠使秦王得志於天下，天下皆爲虜矣。不可與久游。』乃亡去。秦王覺，固止，以爲秦國尉，卒用其計策。而李斯用事。

注釋 ①摯：通『鷙』，猛禽。

譯文 嫪毐被賜封爲長信侯。又將山陽地區賞賜給他，讓他居住。宮室、車馬、服飾、苑囿、游獵所有一切都任由嫪毐使用。無論大事小事嫪毐都獨自決斷。又將河西、太原兩郡改成嫪毐的封國。九年，彗星出現，有的彗星劃過天空。秦國出兵攻打魏國的垣邑、蒲陽。四月，秦王在雍地住宿。己西，秦王舉行冠禮，佩帶寶劍。長信侯嫪毐陰謀作亂被發現，嫪毐詐用秦王御璽和太后印信想要調動縣邑的軍隊和警衛士兵、國家騎兵、戎翟首領、舍人，準備進攻蘄年宮，伺機發動叛亂。秦王得知這個消息後，立即派相國昌平君、昌文君調兵遣將，進攻嫪毐。雙方在咸陽交戰，斬殺數百人，那些殺敵有功的人都加官進爵，就連參加戰鬥的宦官，也得到一級爵位。嫪毐等人大敗逃跑，秦王在全國下達通緝令：有能生擒嫪毐的人，賞錢一百萬；有能殺死嫪毐的人，賞錢五十萬。因此將嫪毐餘黨全部抓獲。衛尉竭、內史肆、佐弋竭、中大夫令齊等二十人先是被斬首示衆，隨後又被處以五馬分尸的極刑，同時游街示衆，誅滅九族。嫪毐的門客，罪輕的服刑三年，削除爵位流放到蜀地的有四千多家，全部在房陵居住。這個月天寒地凍，有人被活活凍死。楊端和攻打衍氏。彗星在西方出現，又在北方出現，跟隨北斗星一直向南移動了整整八十天。十年，相國呂不韋因爲嫪毐的罪行而牽連獲罪，被罷免了相國職務。齊國、趙國的使者出使秦國，秦王擺酒設筵隆重款待。齊國人茅焦勸告秦王說：『秦國把統領天下作爲自己的使命和責任，可是大王有將母親太后遷徙到別處的惡名，恐怕各國諸侯聽說這件事後，會因此背叛秦國。』秦王就親自去雍地將太后接回咸陽，重新安排太后在甘泉宮居住。

秦王展開大規模搜索，要將那些從諸侯國來到秦國的賓客全部趕走。李斯向秦王上《諫逐客書》，這才停止了逐客令。李斯因而上書勸說秦王，請求秦王先攻占韓國，借此讓其他諸侯國感到害怕，於是秦王派李斯出使韓國。韓王很擔心這件事，與韓非子一起商議削弱秦國勢力的方法。大梁人尉繚來到秦國，游說秦王說：『以秦國現在的強大實力，各國諸侯就如同一個郡縣的君主。臣祇是擔心如果各路諸侯聯合起來，不露聲色，出其不意地攻打秦國，這就是智伯、夫差、湣王亡國的原因啊。希望大王能夠不吝惜財物，用它們賄賂各國有權有勢的大臣，從而將他們的計劃破壞，這樣一來，大王失

去的祇是三十萬斤黄金，卻能夠將諸侯徹底消滅。』秦王聽從了尉繚的建議，每次接見他的時候都以禮相待，與他平起平坐，就連衣服、飲食也與尉繚一模一樣。尉繚說：『秦王這個人，長着高鼻梁，細長眼睛，擁有像鷙鳥一樣的胸膛，豺狼一樣的聲音，爲人刻薄寡恩，具有虎狼一樣的雄心壯志，在窮困潦倒的時候能夠禮賢下士，在得志的時候也能夠輕易將人吞噬。我祇是一個普通的平民百姓，然而每次秦王接見我，總是禮賢下士，甘居我下。假如秦王有朝一日能夠一統天下，那麼全天下的人都要被他的賢明舉動俘獲了。不能和秦王長期相處。』於是尉繚就逃跑了。秦王發現之後，再三挽留他，任命他爲秦國的國尉，而且采用了他的計策。這個時期朝中主持朝政的是李斯。

原文 十一年，王翦、桓齮、楊端和攻鄴，取九城。王翦攻閼與、橑楊，皆并爲一軍。翦將十八日，軍歸斗食以下，什推二人從軍取鄴安陽，桓齮將。十二年，文信侯不韋死，竊葬。其舍人臨者，晉人也逐出之；秦人六百石以上奪爵，遷；五百石以下不臨，遷，勿奪爵。自今以來，操國事不道如嫪毐、不韋者籍其門，視此。秋，復嫪毐舍

人遷蜀者。當是之時，天下大旱，六月至八月乃雨。

十三年，桓齮攻趙平陽，殺趙將扈輒，斬首十萬。王之河南。正月，彗星見東方。十月，桓齮攻趙。十四年，攻趙軍於平陽，取宜安，破之，殺其將軍。桓齮定平陽、武城韓非使秦，秦用李斯謀，留非，非死雲陽。韓王請爲臣。

十五年，大興兵，一軍至鄴，一軍至太原，取狼孟。地動。十六年九月，發卒受地韓南陽假守騰。初令男子書年。魏獻地於秦。秦置麗邑。十七年，內史騰攻韓，得韓王安，盡納其地，以其地爲郡，命曰潁川。地動。華陽太后卒。民大饑。

【譯文】十一年，王翦、桓齮、楊端和帶兵攻打鄴邑，接連奪取了九座城池。王翦攻打閼與、橑楊，將所有士兵合并成一支軍隊。王翦指揮全軍，十八天之後，將軍中那些斗食以下的官員都被遣返回鄉，從十個人中選擇兩個人跟隨軍隊一起戰鬥，攻打鄴城、安邑，桓齮爲將領。十二年，文信侯呂不韋去

世，偷偷舉行了葬禮。他府上的門客有誰前來吊唁的，如果是晉國人就全部驅趕出去；如果是秦國人，俸祿在六百石以上的官員全部剝奪他們的爵位，將他們貶謫他處；俸祿在五百石以下，沒有前來吊唁的秦國人，全部貶謫他處，卻沒有剝奪爵位。從此往後，像嫪毐、呂不韋這樣企圖操縱國事的人，都會像這樣被處理，抄沒他全家。秋天的時候，那些曾經遷往蜀地的嫪毐門客獲得赦免。那個時候，全國發生大旱災，衹有六月到八月這段時間才下雨。

十三年，桓齮帶兵攻打趙國平陽城，殺死了趙國的扈輒將軍，共斬殺敵人十萬人。秦王前往河南。正月，彗星在東方出現。十月，桓齮攻打趙國。十四年，在平陽攻打趙國軍隊，占領了宜安城，大破趙軍，并殺死了趙國的將軍。桓齮平定了平陽、武城兩座城池。韓非子出使秦國，秦王用李斯的計謀，將韓非子留在秦國，韓非子最終死在雲陽。韓王請求秦王同意韓國歸屬秦國，做秦國的臣子。

十五年，秦國大舉出兵，一路軍隊來到鄴城，一路軍隊來到太原，占領了狼孟。這一年發生地震。

十六年九月，秦國派騰作爲代理郡守帶領士兵接手韓國南陽地區。從這一年開始登記所有男子的年齡。魏國向秦國獻出部分土地，秦國設置了麗邑。十七年，內史騰帶兵攻打韓國，抓獲了韓王安，韓王向

燕王喜之五十三年，燕亡。

秦王獻出全部的韓國土地，秦國將韓國的國土作爲郡縣，取名潁川。同年，發生地震。華陽太后去逝，民間出現嚴重的饑荒。

原文

十八年，大興兵攻趙，王翦將上地，下井陘，端和將河內，羌瘣伐趙，端和圍邯鄲城。十九年，王翦、羌瘣盡定取趙地東陽，得趙王。引兵欲攻燕，屯中山。秦王之邯鄲，諸嘗與王生趙時母家有仇怨，皆坑之。秦王還，從太原、上郡歸。始皇帝母太后崩。趙公子嘉率其宗數百人之代，自立爲代王，東與燕合兵，軍上谷。大饑。

二十年，燕太子丹患秦兵至國，恐，使荆軻刺秦王。秦王覺之，體解軻以徇，而使王翦、辛勝攻燕。燕、代發兵擊秦軍，秦軍破燕易水之西。二十一年，王賁攻荆。乃益發卒詣王翦軍，遂破燕太子軍，取燕薊城，得太子丹之首。燕王東收遼東而王之。王翦謝病老歸。新鄭反。昌平君徙於郢。大雨雪，深二尺五寸。

二十二年，王賁攻魏，引河溝灌大梁，大梁城壞，其王請降，盡取其地。

二十三年，秦王復召王翦，強起之，使將擊荆。取陳以南至平輿，虜荆王。秦王游至郢陳。荆將項燕立昌平君爲荆王，反秦於淮南。

二十四年，王翦、蒙武攻荆，破荆軍，昌平君死，項燕遂自殺。

二十五年，大興兵，使王賁將，攻燕遼東，得燕王喜。還攻代，虜代王嘉。王翦遂定荆江南地；降越君，置會稽郡。五月，天下大酺。

二十六年，齊王建與其相后勝發兵守其西界，不通秦。秦使將軍王賁從燕南攻齊，得齊王建。

譯文

十八年，秦國大舉興兵攻打趙國，王翦帶領士兵攻下了井陘，端和帶領河內的士兵，羌瘣舉兵討伐趙國，端和圍困邯鄲城。十九年，王翦、羌瘣一起平定并占領了趙國的東陽，活捉了趙王。秦國想要帶兵攻打燕國，在中山那裏屯兵。秦王來到邯鄲城，將那些在他生活在趙國時，曾經與自己的母親家裏有過節的人全部坑殺。秦王返回秦國的路上，經過太原，從上郡返回。始皇的母親去世。趙國的公子嘉帶領家族數百人來到代地，自立爲代王，與東邊的燕國合兵，在上谷屯兵。這一年饑荒嚴重。

二十年，燕國的太子丹擔心秦國軍隊進逼國境，非常惶恐，派遣荆軻去刺殺秦王。秦王覺察了（他們的陰謀），肢解了荆軻的身體來示衆，并且派遣王翦、辛勝攻打燕國。燕國、代國共同發兵抗擊秦軍，結果秦軍在易水以西把燕國的部隊打得大敗。二十一年，王賁攻打荆。增派更多的士卒前往王翦的部隊，於是擊敗燕太子的軍隊，奪取了燕國的薊城，獲得了太子丹的首級。燕王逃到東方，收取了遼東而在遼東稱王。王翦以老病爲由辭官還鄉。新鄭造反。昌平君遷移至郢。天降大雪，厚達二尺五寸。

二十二年，王賁攻打魏國，引河溝裏的水來水淹大梁城，大梁城遭到破壞，梁王請求投降，梁國的土地全部都納入秦國國土。

二十三年，秦王將王翦重新召回，堅持要啓用他，派他去攻打楚國，攻下了陳地以南一直到平輿，抓住了楚王。秦王到郢陳巡游。楚國將軍項燕擁立昌平君爲新的楚王，在淮河南邊起兵反抗秦朝統治。

二十四年，王翦、蒙武進攻楚國，大敗楚軍，昌平君死掉了，項燕也自殺而死。

二十五年，秦國大舉興兵，秦王任命王賁爲將軍，帶領士兵攻打燕國的遼東地區，抓獲了燕王喜，返回的時候攻打代國，俘虜了代王嘉。王翦平定了楚國江南一帶；越君向秦王投降，秦王在越地設置了會稽郡。五月的時候，天下歡聚暢飲。

二十六年，齊王建和他的相國后勝調兵遣將，嚴防齊國西方邊界，拒絕與秦國往來。秦王派將軍王賁從燕國南面進攻齊國，抓獲了齊王建。

原文

秦初并天下，令丞相、御史曰：『異日韓王納地效璽，請爲藩臣，已而倍約，與趙、魏合從畔秦，故興兵誅之，虜其王。寡人以爲善，庶幾息兵革。趙王使其相李牧來約盟，故歸其質子。已而倍盟，反我太原，故興兵誅之，得其王。趙公子嘉乃自立爲代王，故舉兵擊滅之。魏王始約服入秦，已而與韓、趙謀襲秦，秦兵吏誅，遂破之。荆王獻青陽以西，已而畔約，擊我南郡，故發兵誅，得其漢書鄣陽傳曰：『越水長沙，還舟青陽。』張晏曰：『青陽，地名。』蘇林曰：『青陽，長沙縣是也。』

蔡邕曰：『群臣有所奏，請尚書令奏之，下有司曰「制」，天子答之曰「可」。』

王，遂定其荆地。燕王昏亂，其太子丹乃陰令荆軻爲賊，兵吏誅，滅其國。齊王用后勝計，絕秦使，欲爲亂，兵吏誅，虜其王，平齊地。寡人以眇眇①之身，興兵誅暴亂，賴宗廟之靈，六王咸伏其辜，天下大定。今名號不更，無以稱成功，傳後世。其議帝號。』丞相綰、御史大夫劫、廷尉斯等皆曰：『昔者五帝地方千里，其外侯服夷服諸侯或朝或否，天子不能制。今陛下興義兵，誅殘賊，平定天下，海內爲郡縣，法令由一統，自上古以來未嘗有，五帝所不及。臣等謹與博士議曰：「古有天皇，有地皇，有泰皇，泰皇最貴。」臣等昧死上尊號，王爲「泰皇」。命爲「制」，令爲「詔」，天子自稱曰「朕」。』王曰：『去「泰」，著「皇」，采上古「帝」位號，號曰「皇帝」。他如議。』制曰：『可。』追尊莊襄王爲太上皇。制曰：『朕聞太古有號毋謚，中古有號，死而以行爲謚。如此，則子議父，臣議君也，甚無謂，

朕弗取焉。自今已來，除謚法。朕爲始皇帝。後世以計數，二世三世至於萬世，傳之無窮。』

始皇推終始五德之傳，以爲周得火德，秦代周德，從所不勝。方今水德之始，改年始，朝賀皆自十月朔。衣服旄旌節旗皆上②黑。數以六爲紀，符、法冠皆六寸，而輿六尺，六尺爲步，乘六馬。更名河曰德水，以爲水德之始。剛毅戾深，事皆決於法，刻削毋仁恩和義，然後合五德之數。於是急法，久者不赦。

注釋 ①眇眇：渺小，微小，自謙之詞。眇，同『渺』。②上：同『尚』，崇尚。

譯文 秦國剛剛吞幷天下的時候，秦王命令丞相、御史說：『昔日韓王向我獻納土地，交出玉璽，請求成爲秦國的藩臣，可不久之後韓王違背了自己的信約，與趙國、魏國結盟，一起向秦國挑釁，所以我要大舉興兵誅殺他們，俘虜韓王。我認爲我這樣做是件好事，很快就可以停止戰爭，休養生息了。趙王派遣他的丞相李牧前來與我們結盟，因此我歸還了趙國在秦國的人質。過了不久，趙國也違背了

李牧

李牧，戰國時期趙國傑出的軍事家、統帥。公元前二二九年，秦派王翦攻趙，趙以李牧、司馬尚抵抗。秦軍不得進，派人進讒言陷害李牧，趙王中計，派趙葱和齊將顏聚代李牧。秦將王翦乘勢急攻，大破趙軍，虜趙王遷及顏聚，趙國滅亡。

盟約，在我國太原起兵造反，所以我祗能大舉興兵鎮壓，抓獲趙王。趙國的公子嘉自立爲代國的代王，所以才興兵去消滅他。魏王起初的時候向秦國臣服，後來又同韓國、趙國一起謀劃襲擊秦國，秦國派出兵馬官吏前往鎮壓，於是將他們一一擊破。楚王將青陽以西的土地都進獻給我，不久之後又違背盟約，攻擊我國的南郡，所以才發兵討伐，抓獲了楚王，於是平定了楚國。燕王昏庸無道，燕國的太子丹暗中指使荊軻爲刺客刺殺我，因此我才要滅掉他的國家。齊王采用了后勝的計謀，拒絕秦國的使者進入境內，想要作亂犯上，我派遣士兵官吏前去討伐，俘虜了齊王，平定了齊國之亂。我本是一個微不足道的人，能夠興兵討伐暴亂，實在是依靠祖宗顯靈庇佑才做到的，六國國王都認罪伏法，如今天下太平了。現在不更改名字，就無法頌揚我所建立的功勛，使之流芳後世。請大家商議修改帝王稱號的事情。』丞相王綰、御史大夫劫、廷尉李斯等人都說：『古時候五帝管轄了上千里的地方，那些管轄範圍之外的地方，有的臣服朝貢，有的不朝貢，這些都不是當時的天子所能控制的。如今陛下發動正義之師，誅殺亂臣賊子，平定天下，四海之內都是您的郡縣，法律命令都是由您統一發布的，這是自從上古以來，從來沒有過的事情，就算是五帝也比不上您。臣等與博士謹慎認眞地討論過：「古時候有天皇、有地皇、有泰皇，其中泰皇最爲尊貴。」臣等冒死向您進上尊號，大王可以改稱爲「泰皇」，天子所定的制度叫作「制」，所頒布的命令稱爲「詔」，天子自稱爲「朕」。』秦王說：『去掉「泰」字，保留「皇」字，采用上古所用的「帝」稱號，合爲「皇帝」。其他的就按照你們商量好的辦吧。』司制部門說：『可以。』追封莊襄王爲太上皇。皇帝下達制令說：『我聽說遠古時有號沒有謚號，中古有號，死後根據他的行爲追加謚號。如果是這樣，那就是兒子評價父親，臣子評價君主，太不像話了，我不會采取這種方法。從現在開始，我要廢除追加謚號的方法。從朕開始，以後的君主都稱爲皇帝。後世繼承我的大業的人，用數計算，從二世、三世一直到萬世，子子孫孫，無窮無盡。』

勝，申證反。秦以周爲火德，能滅火者水也，故稱從其所不勝於秦。

風俗通云：『周制天子方千里，分爲百縣，縣有四郡，故左傳云上大夫受縣，下大夫受郡。秦始皇初置三十六郡以監縣也。』

秦始皇用五德終始的先後次序進行推演，認爲周朝是得到火德，秦朝取代周朝火德，按照五行相生相克的規律，現在應該是水德的初始。將一年的首月改變，規定每年十月初一的時候君臣入朝慶賀。衣服、旄旌、節旗都推崇黑色。數目以六作爲標準，符、法冠大小都是六寸，輿車寬六尺，以六尺爲步，用六匹馬駕車。把河的名字改爲德水，意爲水德的開始。始皇處理國家政事態度強硬果決，苛細暴戾，所有事情都依法論處，嚴峻刻薄，沒有絲毫仁愛恩德，沒有一點溫情道義，在他看來，衹有這樣才符合五德演變的規則。所以他非常急於加強法制建設，有的罪犯囚禁很長時間也沒有被赦免。

原文 丞相綰等言：『諸侯初破，燕、齊、荆地遠，不爲置王，毋以填①之。請立諸子，唯上幸許。』始皇下其議於群臣，群臣皆以爲便。廷尉李斯議曰：『周文武所封子弟同姓甚衆，然後屬疏遠，相攻擊如仇讎，諸侯更相誅伐，周天子弗能禁止。今海內賴陛下神靈一統，皆爲郡縣，諸子功臣以公賦稅重賞賜之，甚足易制。天下無異意，則安寧之術也。置諸侯不便。』始皇曰：『天下共苦戰鬥不休，以有侯王。

賴宗廟，天下初定，又復立國，是樹兵也，而求其寧息，豈不難哉！廷尉議是。』

分天下以爲三十六郡，郡置守、尉、監。更名民曰『黔首』。大酺。收天下兵，聚之咸陽，銷以爲鐘鐻，金人十二，重各千石，置廷宮中。一法度衡石丈尺。車同軌。書同文字。地東至海暨朝鮮，西至臨洮、羌中，南至北鄉戶，北據河爲塞，并陰山至遼東。徙天下豪富於咸陽十二萬戶。諸廟及章臺、上林皆在渭南。秦每破諸侯，寫放②其宮室，作之咸陽北阪上，南臨渭，自雍門以東至涇、渭，殿屋復道周閣相屬。所得諸侯美人鐘鼓，以充入之。

注釋 ①填：同『鎮』。鎮壓，安定。②放：通『仿』。

譯文 丞相王綰等人一起向始皇建議說：『如今各國諸侯剛剛被消滅，燕國、齊國、楚國又地處偏遠，如果不在那裏冊立一個藩王，恐怕很難有人能夠鎮壓住他們。請求始皇將自己的幾個兒子冊封隴西，今隴右；北地，今寧州也。

秦始皇大營宮室

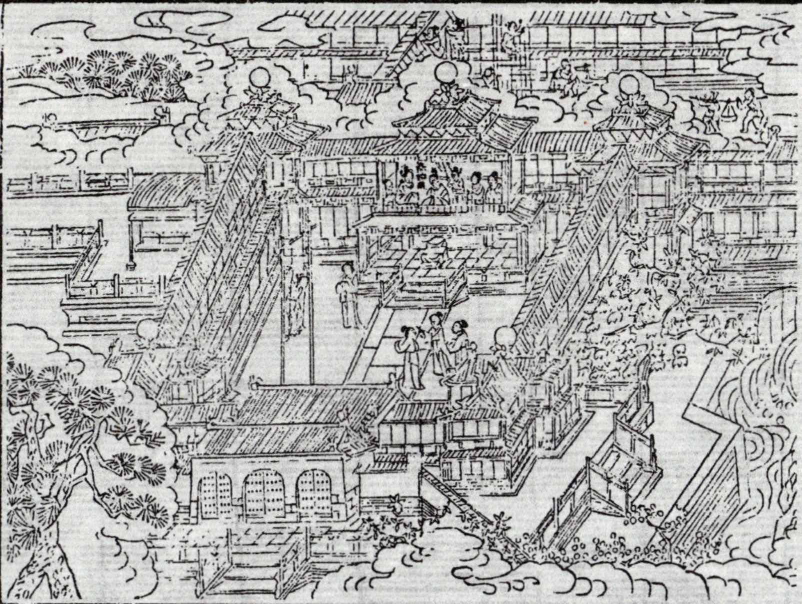

爲王，希望皇帝能夠同意。」始皇把王綰等人的建議告訴了群臣，讓大家商議討論，人人都覺得很適當。唯獨廷尉李斯反對說：『周文王、周武王就是封立了很多同姓的子弟，可是到最後族屬越來越疏遠，彼此攻擊，好像宿敵一樣，諸侯互相征戰，周天子沒有辦法制止。如今陛下憑借神靈的庇佑一統天下，將各地都劃分成郡縣，皇帝的兒子和兄弟以及其他有功之臣，用國家的賦稅對他們重重賞賜，這樣的局面，很容易治理。天下沒有對皇帝二心的人，這是使國家安定的好辦法。至於封立諸侯，則是不妥當的。』始皇說：『戰爭無休無止，是全天下百姓共同受苦的事情，這是由於有諸侯的緣故。憑借祖先的保佑，剛剛平定天下，如果現在再去建立諸侯國，這無疑是給自己樹敵，那時候再想要求得安寧，豈不是很難做到嗎？廷尉李斯的

建議是正確的。」

秦始皇將全國劃分成三十六個郡，每個郡都設置了守、尉、監。將百姓改稱爲『黔首』。天下人民開懷暢飲。始皇將天下所有的兵器都收集到一起，集中放在秦國都城咸陽，然後全部熔化鑄成大鐘；接着又鑄造了十二個銅人，每一個銅人有一千石重，安放在宮廷中。始皇還統一了法律制度以及度量衡標準。規定車子兩輪之間的距離相同。書寫采用統一的文字。向東到大海和朝鮮，向西到臨洮、羌中，向南到門朝北開的地區，北方以黃河天險爲屏障，順着陰山一直延伸到遼東地區，都是秦國的土地。始皇將天下十二萬戶的富豪全部遷徙到秦都咸陽。渭水南岸有秦國各王的陵廟和章臺、上林苑都。每當秦國消滅一個諸侯國，就會模仿它的宮殿樣式，在咸陽北坡上建造一座一模一樣的宮殿。如此一來，南臨渭水，從雍門以東到達涇水、渭水匯流地區，宮殿房屋、空中棧道、迂回婉轉的閣道連續不絕。秦國從各個諸侯國俘虜來的美女、鐘鼓，全部都安置在這裏。

原文 二十七年，始皇巡隴西、北地，出雞頭山，過回中。焉作信宮渭南，已更命信宮爲極廟，象天極。自極廟道通酈山，作甘泉前殿。

築甬道，自咸陽屬之。是歲，賜爵一級。治馳道。

譯文 二十七年，始皇巡查隴西、北地，來到一個名叫鷄頭山的地方，返回的時候路過回中地區。於是在渭水南面建造了信宮，不久之後，又將信宮名字更改爲極廟，象徵着天空的天極星。從極廟脩建了一條通往驪山的道路，又建造了甘泉宮前殿，脩築甬道，使咸陽和它相連。這一年，始皇爲全國百姓進爵一級。治理了馳道。

原文 二十八年，始皇東行郡縣，上鄒嶧山。立石，與魯諸儒生議，刻石頌秦德，議封禪望祭山川之事。乃遂上泰山，立石，封，祠祀。下，風雨暴至，休於樹下，因封其樹爲五大夫。禪梁父。刻所立石，其辭曰：

其詞每三句爲韻，凡十二韻。下之罘、碣石、會稽三銘皆然。

皇帝臨位，作制明法，臣下脩飭。二十有六年，初并天下，罔不賓服。親巡遠方黎民，登茲泰山，周覽東極。從臣思迹，本原事業，祗誦功德。治道運行，諸產得宜，皆有法式。大義休明，垂於後世，

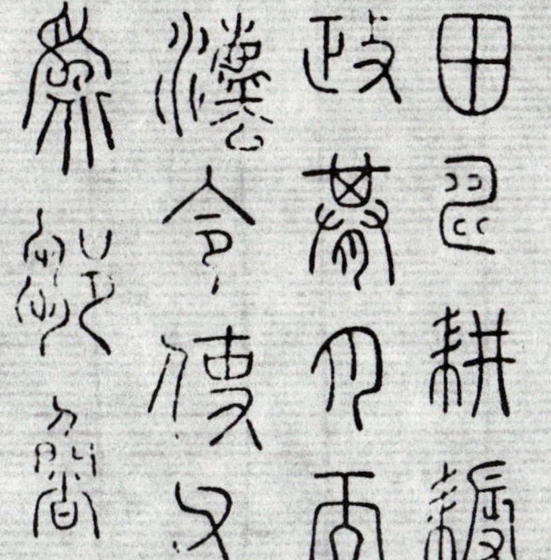

李斯書寫的小篆

順承勿革。皇帝躬聖，既平天下，不懈於治。夙興夜寐，建設長利，專隆教誨。訓經宣達，遠近畢理，咸承聖志。貴賤分明，男女禮順，慎遵職事。昭隔內外，靡不清淨，施於後嗣。化及無窮，遵奉遺詔，永承重戒。

於是乃并勃海以東，過黃、腄，窮成山，登之罘，立石頌秦德焉而去。

譯文 二十八年，始皇向東巡視郡縣，登上鄒嶧山。在山上樹立起一塊石碑，和魯地的一些儒生商議，在石碑上刻字頌揚秦朝的功德，還討論了封禪和望祭山川等事宜。於是始皇登上泰山，百姓樹立起石碑，積土堆砌成祭壇，在泰山上祭祀

上天。下山的時候，忽然刮起大風下起大雨，始皇在一棵樹下躲避風雨，這棵樹也因此被封爲五大夫。

始皇在梁父山這個地方舉行了祭祀大地的典禮。在所立的石碑上刻辭，上面的碑文說：

皇帝即位，立下制度，嚴明法令，臣下治理嚴謹整飭。一共經歷了二十六年，才吞并天下，沒有不臣服的。始皇現在親自巡視遠方的黎民百姓，登上泰山，東邊的秦國疆域盡收眼底。隨從的大臣回憶以往的事情，探求事業的本源，恭敬地贊頌秦朝的功績。治國有道，各項生產安排得很合理，所有事情都遵循一定的規則。大義清楚美善，要永垂後世，沿襲下來，不要發生變革。皇帝賢明通達，雖然早已平定天下，卻仍然堅持不懈地治理國家。每天早起晚睡，爲國家謀求長遠的福祉和利益，尤其重視對百姓的教導。有關治國的教誨和法令已經傳播四方，無論遠近都治理得井井有條，完全符合皇帝的心意。貴賤等級分明，男女依禮行事，在職者謹小慎微地恪盡職守。內外明顯有很多不同，人人都感到清靜而純潔，這種恩澤會一直延續到子孫後代，教化所及，沒有窮盡，遵守遺留下來的詔令，永遠遵守這重要的告誡。

於是沿着渤海向東走，途徑黃縣、腄縣，在成山的最高點極目遠眺，登上了芝罘的頂峰，并且在

那裏樹立了一塊石碑，贊揚秦朝的豐功偉業，做好以後才離開。

原文　南登琅邪，大樂之，留三月。乃徙黔首三萬戶琅邪臺下，復十二歲。作琅邪臺，立石刻，頌秦德，明得意。曰：

維二十八年，皇帝作始。端平法度，萬物之紀。以明人事，合同父子。聖智仁義，顯白道理。東撫東土，以省卒士。事已大畢，乃臨於海。皇帝之功，勸勞本事。上農除末，黔首是富。普天之下，摶心揖志①。器械一量，同書文字。日月所照，舟輿所載。皆終其命，莫不得意。應時動事，是維皇帝。匡飭異俗，陵水經地。憂恤黔首，朝夕不懈。除疑定法，咸知所辟。方伯分職，諸治經易。舉錯必當，莫不如畫。皇帝之明，臨察四方。尊卑貴賤，不逾次行。奸邪不容，皆務貞良。細大盡力，莫敢怠荒。遠邇辟隱，專務肅莊。端直敦忠，事業有常。皇帝之德，存定四極。誅亂除害，興利致福。節事以時，諸

爵卑於列侯，無封邑者。倫，類也，亦列侯之類。

括地志云：『亶洲在東海中，秦始皇使徐福將童男女入海求仙人，止在此州，共數萬家。至今洲上人有至會稽市易者。吳人外國圖云亶洲去琅邪萬里。』

產繁殖。黔首安寧，不用兵革。六親相保，終無寇賊。驩欣奉教，盡知法式。六合之內，皇帝之土。西涉流沙，南盡北戶。東有東海，北過大夏。人迹所至，無不臣者。功蓋五帝，澤及牛馬。莫不受德，各安其宇。

維秦王兼有天下，立名爲皇帝，乃撫東土，至於琅邪。列侯武城侯王離、列侯通武侯王賁、倫侯建成侯趙亥、倫侯昌武侯成、倫侯武信侯馮毋擇、丞相隗林、丞相王綰、卿李斯、卿王戊、五大夫趙嬰、五大夫楊樛從，與議於海上。曰：『古之帝者，地不過千里，諸侯各守其封域，或朝或否，相侵暴亂，殘伐不止，猶刻金石，以自爲紀。古之五帝三王，知教不同，法度不明，假威鬼神，以欺遠方，實不稱名，故不久長。其身未歿，諸侯倍叛，法令不行。今皇帝并一海內，以爲郡縣，天下和平。昭明宗廟，體道行德，尊號大成。群臣相與誦皇帝功德，刻於金石，以爲表經。』

既已，齊人徐市等上書，言海中有三神山，名曰蓬萊、方丈、瀛洲，僊人居之。請得齋戒，與童男女求之。於是遣徐市發童男女數千人，入海求僊人。

遣使求仙

秦始皇統一天下後，爲滿足自己長生的願望，多次派遣方士出海求仙。

注釋　①摶：同『專』，專一。揖：通『輯』，聚，會集。

譯文　始皇向南巡視的時候登上琅琊山，非常喜歡那裏，在那裏停留了三個月。於是命令三萬戶老百姓遷徙到琅琊臺下，以免除他們十二年的稅收作爲遷徙的條件。在琅琊山建造了琅琊臺，樹立了石碑，歌頌秦朝的功德，表明自己得到天下的雄偉抱負。石碑上刻着：

二十八年，皇帝剛剛登基。制定公正法律，整治萬物綱紀。以此明確人事，父子齊心協力。皇帝聖明仁義，明白事物道理。安撫東部地區，以此檢閱士卒。巡視完全結束，來到海濱之地。皇帝功勛卓著，操勞國家大事。推行重農抑商政策，百姓富裕生活。舉國上下齊心，一心一意跟隨。統一器械度量，還有書寫文字。日月所照之地，舟車所至之處，全部聽從命令，沒有忤逆之意。辦事時機適當。整頓不良風俗，跨越千山萬水。憂懷體恤百姓，早晚不懈努力。消除各種疑慮，制定法令制度，人人遵紀守法。郡守分工合作，政務簡單易行。措施采取得當，全都整齊劃一。皇帝神明偉大，明察秋毫四方。尊卑貴賤有別，不得逾越等級。除掉奸邪現象，百姓務必淳良。大事小情盡力，不敢懈怠荒廢。不論遠處近處，還是偏僻地方，一律肅穆莊重，品德正直忠厚，辦事遵守規則。皇帝德澤無邊，保佑安定四方。誅殺討伐暴亂，消除各種禍患，興辦好事，爲天下百姓帶來利益。安排事情都根據時令和節氣，各種產業蓬勃發展。百姓安居樂業，不再進行戰爭。六親彼此相安，再也沒有盜賊。人人高興地遵循國家的教化，通曉法令制度。普天之下，莫非王土。西邊到達流沙，南邊以門朝北開的地方爲極限，都是皇帝的國土。東邊有東海，北邊穿越了大夏。人們足迹能夠到達的地方，沒有不向皇帝俯首稱臣的。始皇的功勛超過了五帝，連牛馬等牲畜也體會到了皇帝的恩惠。沒有誰不感受到皇帝的恩德，過着安定的生活。

如今秦王一統天下，立下皇帝這一稱號，於是皇帝外出巡視東部地區，來到琅琊這個地方。列侯武城侯王離、列侯通武侯王賁、倫侯建成侯趙亥、倫侯昌武侯成、倫侯武信侯馮毋擇、丞相隗林、丞相王綰、卿李斯、卿王戊、五大夫趙嬰、五大夫楊樛等隨從，與皇帝在海邊議論朝政說：『古代稱帝的人，領土不過千里，諸侯都固守着自己的領土，有的朝貢，有的不朝貢，互相侵擾，發生暴亂，殘害生靈的事情無法禁止，可是還是立下石碑，用來記載自己的功業。古代的五帝、三王，對百姓實行不同的教化，所施行的法律制度也不甚明確，他們借助鬼神的威力，來欺騙無知的百姓，實際上是名不副實，因此國家命運不能長久。帝王還沒有死去，諸侯們就已經叛亂了，法令制度無法推行實施。現在皇帝統一天下，四海之內，都是皇帝的郡縣，天下才享有和平和安定。將祖先的威靈發揚光大，信服眞理，廣施恩德，皇帝這一尊號實在是名副其實。群臣爭相頌揚皇帝的功德，銘刻在金石上，以此作爲後世的表率和楷模。』

立石刻辭到這裏已經完成了，齊人徐市等人上書，說海中有三座名叫蓬萊、方丈和瀛洲的神山，有神仙居住在那裏。徐市等人希望齋戒沐浴，帶領數名童男童女前往仙山，尋找不死靈藥。於是，皇帝挑選出童男童女數千人，派遣徐市到海中去尋找仙人。

原文 始皇還，過彭城，齋戒禱祠，欲出周鼎泗水。使千人沒水求之，弗得。乃西南渡淮水，之衡山南郡。浮江，至湘山祠。逢大風，幾不得渡。上問博士曰：『湘君神？』博士對曰：『聞之，堯女，舜之妻，而葬此。』於是始皇大怒，使刑徒三千人皆伐湘山樹，赭其山。上自南郡由武關歸。

二十九年，始皇東游。至陽武博狼沙中，爲盜所驚。求弗得，乃令天下大索十日。

地理志河南陽武縣有博狼沙。

譯文 始皇回來的時候，途徑彭城，在那裏進行了齋戒儀式，祈禱上蒼保佑，想要從泗水打撈周鼎。皇帝派遣了上千人潛入水中尋找，一無所獲。於是接着渡過西南的淮水，前往衡山、南郡。泛舟江上，來到湘山祭祀。恰好遇上大風，差點不能渡過河道上山去。始皇問博士說：『湘君是神仙嗎？』博士回答說：『臣聽說湘君是堯的女兒，舜的妻子，死後埋葬在這裏。』因而始皇十分生氣，命令三千刑徒將湘山上的所有樹木都砍光，山體紅色的土壤全都裸露在外。始皇從南郡途徑武關回到咸陽城。

二十九年，始皇向東巡游。來到陽武博狼沙，受到當地強盜的驚嚇。始皇下令追捕強盜，卻沒有抓到人，就下令進行爲期十天的全國大搜查。

原文 登之罘，刻石。其辭曰：

維二十九年，時在中春，陽和方起。皇帝東游，巡登之罘，臨照於海。從臣嘉觀，原念休烈，追誦本始。大聖作治，建定法度，顯箸①綱紀。外教諸侯，光②施文惠，明以義理。六國回辟，貪戾③無厭，虐殺不已。皇帝哀衆，遂發討師，奮揚武德。義誅信行，威燀旁達，莫不賓服。烹滅強暴，振救黔首，周定四極。普施明法，經緯天下，永爲儀則。大矣哉！宇縣之中，承順聖意。群臣誦功，請刻於石，表垂於常式。

其東觀曰：

維二十九年，皇帝春游，覽省遠方。逮於海隅，遂登之罘，昭臨朝陽。觀望廣麗，從臣咸念，原道至明。聖法初興，清理疆內，外誅暴強。武威旁暢，振[4]動四極，禽滅六王。闡并天下，甾害絕息，永偃戎兵。皇帝明德，經理宇內，視聽不怠。作立大義，昭設備器，咸有章旗。職臣遵分，各知所行，事無嫌疑。黔首改化，遠邇同度，臨古絕尤。常職既定，後嗣循業，長承聖治。群臣嘉德，祗誦聖烈，請刻之罘。旋，遂之琅邪，道上黨入。

注釋 ①箸：同「著」，顯明。②光：通「廣」。③戾：通「利」。④振：同「震」。

譯文 始皇登上之罘山，在上面立下石碑。碑文說：

二十九年，仲春時節，天氣逐漸回暖。皇帝到東方巡游，登上之罘山，面臨着浩瀚的大海。一同前往的臣屬看到這美麗的景色，回想到皇帝的豐功偉績，紛紛追念頌揚統一大業的始末。偉大聖明的皇帝現在開始治理這個國家，建立了法律制度，規定表明了萬物綱紀。對外教化諸侯，廣布恩澤，對他們曉之以理。六國諸侯奸回邪僻，貪婪乖戾，虐待殺害百姓的事情屢禁不止。皇帝同情民衆，就調兵遣將，出師討伐，彰顯我軍的威武鬥志。進行正義的討伐，采取可靠的行動，武威光輝的業績遠播四方，沒有誰不臣服的。秦國消滅了殘暴的勢力，拯救了天下的百姓，使天下回復安定祥和的氛圍。皇帝用嚴明的法律制度來治理天下，普遍推廣這種方法，使它成爲永久的準則。實在是太偉大了！放眼天下，人人遵循皇帝的神聖意志。群臣爲皇帝歌功頌德，請求將皇帝的功績鐫刻在石碑上，以此作爲永垂後世的法則。

東面臺閣處的石碑上刻着：

二十九年，皇帝在春天外出巡游，視察遠方。來到海邊，登上之罘山，面對着清晨的朝陽。皇帝看着遼闊而又秀麗的景色，隨從的臣子也都開始懷念往事，回憶從過去到現在走過的光明道路。皇帝制定的法律剛剛施行的時候，對內清理壞人壞事，對外誅殺暴亂。軍威遠揚，震動四方，擒獲了六國的國王，消滅了六國。皇帝開疆拓土，兼并天下，消除所有的戰亂禍患，永遠停止了戰爭。皇帝聖明仁德，治理國家大事，沒有絲毫懈怠。創下重大的法律制度，統一了貨幣度量衡，使它們都具有一定的規則。在職的臣子都能夠遵守自己的本分，淸楚自己該做些什麽，做事沒有什麽疑慮。百姓發生了變化，遠處近處都統一制度，這是古往今來最好的時代。人人各司其職，子孫後代也都循守舊業，永遠繼承這英明的政治體制。群臣贊頌皇帝的美德，恭敬地頌揚他的偉大功勛，請求在之罘山上立下碑刻。不久之後，就前往琅琊山，途經上黨回到咸陽。

原文

三十年，無事。

三十一年十二月，更名臘曰『嘉平』。賜黔首里六石米，二羊。始皇爲微行咸陽，與武士四人俱，夜出逢盜蘭池，見窘，武士擊殺盜，關中大索二十日。米石千六百。

三十二年，始皇之碣石，使燕人盧生求羨門、高誓。刻碣石門。壞城郭，決通堤防。其辭曰：遂興師旅，誅戮無道，爲逆滅息。武殄暴逆，文復無罪，庶心咸服。惠論功勞，賞及牛馬，恩肥土域。皇帝奮威，德幷諸侯，初一泰平。墮①壞城郭，決通川防，夷去險阻。地勢既定，黎庶無繇，天下咸撫。男樂其疇，女脩其業，事各有序。惠被諸產，久幷來田，莫不安所。群臣誦烈，請刻此石，垂著儀矩。

因使韓終、侯公、石生求僊人不死之藥。始皇巡北邊，從上郡入。燕人盧生使入海還，以鬼神事，因奏錄圖書，曰『亡秦者胡也』。始皇乃使將軍蒙恬發兵三十萬人北擊胡，略取河南地。

三十三年，發諸嘗逋亡人、贅婿、賈人略取陸梁地，爲桂林、象郡、南海，以適遣戍。西北斥逐匈奴。自榆中幷河以東，屬之陰山，以爲四十四縣，城河上爲塞。又使蒙恬渡河取高闕、陽山、北假中，築亭障以逐戎人。徙謫，實之初縣。禁不得祠。明星出西方。三十四年，適治獄吏不直者，築長城及南越地。

注釋　①墮：同『隳』，毀。

張晏曰：『若微賤之所爲，故曰微行也。』

復音福。言秦以武力能殄息暴逆，以文訓道令無罪失，故復除之。

鄭玄曰：『胡，胡亥，秦二世名也。秦見圖書，不知此爲人名，反備北胡。』

【譯文】三十年，沒有重大事情發生。

三十一年十二月，把臘祭更名爲『嘉平』。賞賜每里百姓六石米、兩隻羊。始皇微服出行，巡視咸陽，身邊帶着四個武士隨從。夜晚出來的時候，在蘭池遇上盜賊，處境危險，四名武士殺死了盜賊，之後始皇命人在關中大肆搜捕二十天。糧價在這一年漲到一石一千六百錢。

三十二年，始皇前往碣石，派燕地人盧生拜訪羨門、高誓。在碣石城門上留下刻辭。破壞外城，挖通堤防。城門上的刻辭說：調兵遣將，討伐奸佞無道之人，消滅了暴亂作逆的人。用武力懲罰暴亂之人，用文治保護無罪之人，全國百姓人心所向。賞賜有功勞的人，恩惠遍及牲畜，肥沃了大地。皇帝奮發揚威，依靠恩德兼并諸侯，第一次統一了全國，使天下呈現一片太平的景象。將六國的外城全部摧毀，鑿通河堤，鏟平險阻。地面上各種軍事障礙已經平定，天下安定，百姓無需再服徭役。男子高高興興地回家耕種土地，女子重新開始她的家庭手工業，各項事情進行得井然有序。皇帝的恩澤遍及各項生產，無論當地的農民，還是外來的農民，全都安居樂業。群臣強烈稱贊皇帝的功績，請求在這裏鐫刻一座石碑，爲後世提供一個可以學習的行爲準則。

始皇派遣韓終、侯公、石生去仙人那裏求取長生不死靈藥。始皇到北方邊境巡視，經由上郡回到咸陽。被派到海中尋找仙人的燕地人盧生回來了，向始皇上奏了很多神鬼之事，趁機獻上從別處抄錄來的圖書，上面寫着『滅亡秦朝的是胡』。始皇立即派將軍蒙恬帶着三十萬士兵，向北攻打胡人，占領了河南地帶。

三十三年，徵集曾經逃亡在外的犯人、入贅女方家的男子以及商人一起去攻占陸梁地區，在那裏設置桂林郡、象郡和南海郡，把那些罪犯發配邊疆，派人去戍守。在西北方驅逐匈奴。從榆中沿着黃河向東，一直到陰山，這一地區總共設置了三十四個縣，以黃河作爲護城河，在黃河附近脩築要塞。又派將軍蒙恬越過黃河占領高闕、陽山、北假一帶，爲了驅逐戎人還在那裏脩建了亭障。遷徙那些被貶謫放逐的人，將他們安排到剛剛建立的縣邑中。禁止民間進行祭祀活動。彗星在西方出現。三十四年，遇見那些聽訟斷獄不公平的官吏，就貶謫他們去脩築長城或者戍守南越地區。

【原文】始皇置酒咸陽宮，博士七十人前爲壽。僕射周青臣進頌曰：『他時秦地不過千里，賴陛下神靈明聖，平定海內，放逐蠻夷，日月

漢書百官表曰：『僕射，秦官。古者重武，官有主射以督課之。』應劭曰：『僕，主也。』

如淳曰：『律說「論決爲髡鉗，輸邊築長城，晝日伺寇虜，夜暮築長城」。城旦，四歲刑。』

所照，莫不賓服。以諸侯爲郡縣，人人自安樂，無戰爭之患，傳之萬世。自上古不及陛下威德。』始皇悅。博士齊人淳于越進曰：『臣聞殷周之王千餘歲，封子弟功臣，自爲枝輔。今陛下有海內，而子弟爲匹夫，卒有田常、六卿之臣，無輔拂，何以相救哉？事不師古而能長久者，非所聞也。今青臣又面諛以重陛下之過，非忠臣。』始皇下其議。丞相李斯曰：『五帝不相複，三代不相襲，各以治，非其相反，時變異也。今陛下創大業，建萬世之功，固非愚儒所知。且越言乃三代之事，何足法也？異時諸侯并爭，厚招游學。今天下已定，法令出一，百姓當家則力農工，士則學習法令辟禁。今諸生不師今而學古，以非當世，惑亂黔首。丞相臣斯昧死言：古者天下散亂，莫之能一，是以諸侯并作，語皆道古以害今，飾虛言以亂實，人善其所私學，以非上之所建立。今皇帝并有天下，別黑白而定一尊。私學而相與非法教，人聞令下，則各以其學議之，入則心非，出則巷議，誇主以爲名，異取以爲高，率群下以造謗。如此弗禁，則主勢降乎上，黨與成乎下。禁之便。臣請史官非秦記皆燒之。非博士官所職，天下敢有藏詩、書、百家語者，悉詣守、尉雜燒之。有敢偶語詩書者棄市。以古非今者族。吏見知不舉者與同罪。令下三十日不燒，黥爲城旦。所不去者，醫藥卜筮種樹之書。若欲有學法令，以吏爲師。』制曰：『可。』

譯文　始皇在咸陽宮設下酒席，七十個博士一同前去爲始皇敬酒祝壽。僕射周青臣頌揚始皇說：『以前秦國的領土不超過一千里，全仗陛下的神靈聖明，才能夠平定了天下，將四方蠻夷驅趕出境，太陽和月亮能夠照射到的地方，沒有誰不臣服的。各國諸侯的領土現如今都成爲您的郡縣，百姓安居樂業，再也沒有戰爭的憂患了，這偉大的功業一定會流傳萬世，自上古開始沒有任何一個人能夠趕得上陛下的威德。』始皇非常高興。博士齊地人淳于越向始皇進諫說：『臣聽說殷周稱王天下一千多年，分封子弟和功臣，讓他們共同來輔佐自己治理國家。如今陛下您擁有了整個天下，而您的子弟大多是平民百姓，即使有像田常、六卿一樣的臣屬，您沒有其他人的輔佐，將來怎樣挽救國家於危時呢？做事不效仿古人卻想要長久勝利的人，我沒有聽說過。現在青臣在您面前阿諛奉承，這樣衹會加重陛下的過錯，他不是忠臣啊。」始皇將二人的建議交給下面討論。丞相李斯說：「五帝的制度沒有重複的，三代的制度也沒有因襲的，各自有各自治理國家的方法，不是後代一定要與前代相反，衹是時代發生了變化而已。現在陛下您開創了如此偉大的事業，建立了萬世不朽的卓越功勛，本來就不是那些愚蠢的讀書人能夠理解的事情。況且淳于越說的其實是以往三代的事情，有什麼值得效仿的呢？過去諸侯并立難免競爭，各自都采用非常優厚的待遇來招攬有識之士。如今天下已經平定，法令都是由您統一頒布，百姓也應該都在家裏努力從事農業生產和家庭手工業，文人雅士也要學習法律禁令。現在這些讀書人不以現實爲老師，卻一定要去學習古代，還借此來指責現代，迷惑百姓。身爲丞相，微臣李斯冒死直言：古代天下分散成若干個諸侯，沒有誰能夠將他們統一，這正是因爲諸侯并列存在，一起作亂，全部崇尚古代的事情指責當今的事情，用虛假的言論來掩蓋眞實的不可告人的目的，人們都偏愛自己擅長的一方面，指責您所建立的規章制度。現在皇帝一統天下，辨別黑白是非都由您一個人做主。私學卻違背您制定的法令，指責您制定的法令，人們聽見命令下達後，都用各自所學的東西來議論法令，在您面前衹敢心裏指責，出去之後則在街頭巷尾人人議論，在您面前爲了得到名利極盡所能誇獎您，或者說出與衆不同的想法以此來提高自己的身價，率領衆人說一些妖言惑衆的言論。如果這樣做都不加以禁止的話，對上有損君主的威嚴，對下則容易結黨營私。禁止這些事情是有好處的。臣請求您下達命令，讓史官將那些秦國以外的記錄全部燒毀。如果不是身居博士官職，天下有誰私下藏《詩》、《書》、諸子百家著作的，都要上報把它們交到郡守、縣尉那裏去統一燒毀。如果有誰私自談論《詩》、《書》的斬首示衆。用古代的理論來指責如今是非的人株連九族。如果有哪個官吏知情不報，就與罪犯同等論處。命令下達三十天內還有沒燒掉書籍的人，就在他的臉上刻字，讓他成爲人盡皆知的刑徒。那些關於醫藥、卜筮、農林方面的書籍，可以不全部銷毀。如果有人想要學習法令，可以統一到官吏那裏學習。」始皇聽後，下令說：「就依照你說的辦。」

原文 三十五年，除道，道九原抵雲陽，塹山堙谷，直通之。於是始皇以爲咸陽人多，先王之宮廷小，吾聞周文王都豐，武王都鎬，豐括地志云：『秦阿房宮亦曰阿城，在雍州長安縣西北一十四里。』

鎬之間，帝王之都也。乃營作朝宮渭南上林苑中。先作前殿阿房，東西五百步，南北五十丈，上可以坐萬人，下可以建五丈旗。周馳爲閣道，自殿下直抵南山。表南山之顛①以爲闕。爲復道，自阿房渡渭，屬之咸陽，以象天極閣道絕漢抵營室也。阿房宮未成；成，欲更擇令名名之。作宮阿房，故天下謂之阿房宮。隱宮徒刑者七十餘萬人，乃分作阿房宮，或作麗山。發北山石槨，乃寫蜀、荆地材皆至。關中計宮三百，關外四百餘。於是立石東海上朐界中，以爲秦東門。因徙三萬家麗邑，五萬家雲陽，皆復不事十歲。

注釋 ①顛：同『巔』，頂。

譯文 三十五年，始皇開始下令修建道路，所修的道路途徑九原，一直到雲陽，路上遇山開山，遇谷塡谷，修建出一條筆直的大道。皇帝開始覺得咸陽人口衆多，先王的宮廷太小，他聽說周文王曾經建都豐城，武王建都鎬城，豐城、鎬城之間，正是帝王都城所在的地方。於是，始皇在渭水南岸的上林苑中興建自己的宮殿。最先興建的是前殿阿房宮，阿房宮東西長五百步，南北寬五十丈，內部可以一起坐下一萬人，殿堂高度可以豎起一個五丈高的旗幟。阿房宮周圍環繞着架起的閣道，閣道從殿下一直通到南山。爲了做一個標志，還在南山的山頂上修建了一個門闕。在空中建造道路，空中棧道從阿房宮開始，渡過渭水，與咸陽相連接，這是象徵天上閣道越過天河直接連接到營室。阿房宮還沒有完工；等到它完工後，會另外選擇一個更好聽的名字來稱呼它。因爲這個宮殿是在阿房建造的，所以天下稱它爲阿房宮。那些受到宮刑或者其他刑罰的七十多萬犯人，分成幾批，有的去興建阿房宮，有的去修建驪山工程。那些從北山挖下的石頭，以及要輸送到蜀地、楚地的木材，全部都集中在這裏。關中的宮殿一共有三百座，關外的宮殿一共有四百多座。於是在東海附近朐縣境內立下一塊巨石，以此作爲秦國的東門。因而遷徙三萬戶百姓到酈邑居住，五萬戶到雲陽居住，這些遷徙的住戶都免除十年的徭役。

原文 盧生說始皇曰：『臣等求芝奇藥僊者常弗遇，類物有害之者。方中，人主時爲微行以辟惡鬼，惡鬼辟，眞人至。人主所居而人臣知括地志云：『俗名望宮山，在雍州好時縣西十二里，北去梁山九里。秦始皇「從山上見丞相車騎衆，弗善」，即此山也。』

言秦施法不得兼方者，令民之有方伎不得兼兩齋，試不驗，輒賜死。言法酷。

之，則害於神。真人者，入水不濡，入火不爇，陵雲氣，與天地久長。今上治天下，未能恬倓。原上所居宮毋令人知，然後不死之藥殆可得也。』於是始皇曰：『吾慕真人，自謂「真人」，不稱「朕」。』乃令咸陽之旁二百里内宮觀二百七十復道甬道相連，帷帳鐘鼓美人充之，各案署不移徙。行所幸，有言其處者，罪死。始皇帝幸梁山宮，從山上見丞相車騎衆，弗善也。中人或告丞相，丞相後損車騎。始皇怒曰：『此中人泄吾語。』案問莫服。當是時，詔捕諸時在旁者，皆殺之。自是後莫知行之所在。聽事，群臣受決事，悉於咸陽宮。

侯生盧生相與謀曰：『始皇爲人，天性剛戾自用，起諸侯，并天下，意得欲從，以爲自古莫及己。專任獄吏，獄吏得親幸。博士雖七十人，特備員弗用。丞相諸大臣皆受成事，倚辨①於上。上樂以刑殺爲威，天下畏罪持祿，莫敢盡忠。上不聞過而日驕，下懾伏謾欺以取容。秦法，不得兼方不驗，輒死。然候星氣者至三百人，皆良士，畏忌諱諛，不敢端言其過。天下之事無小大皆決於上，上至以衡石量書，日夜有呈，不中呈不得休息。貪於權勢至如此，未可爲求僊藥。』於是乃亡去。始皇聞亡，乃大怒曰：『吾前收天下書不中用者盡去之。悉召文學方術士甚衆，欲以興太平，方士欲練②以求奇藥。今聞韓衆去不報，徐市等費以巨萬計，終不得藥，徒奸利相告日聞。盧生等吾尊賜之甚厚，今乃誹謗我，以重吾不德也。諸生在咸陽者，吾使人廉問，或爲訞言以亂黔首。』於是使御史悉案問諸生，諸生傳相告引，乃自除犯禁者四百六十餘人，皆坑之咸陽，使天下知之，以懲後。益發謫徙邊。始皇長子扶蘇諫曰：『天下初定，遠方黔首未集，諸生皆誦法孔子，今上皆重法繩之，臣恐天下不安。唯上察之。』始皇怒，使扶蘇北監蒙恬於上郡。

坑儒焚書

秦始皇焚書坑儒，意在維護統一的集權政治，反對是古非今，打擊方士荒誕不經的怪談異説，但嬴政的極端做法，導致的是秦王朝的短祚，僅持續了十五年。

注釋 ①辨：通『辦』，辦理，辦事。②練：同『煉』，熔煉。

譯文 盧生勸説始皇説：『我們尋找靈芝、仙藥和仙人，總也找不到，看來可能是有什麼東西傷害了它們。我們心想，皇帝您應該經常微服出巡，這樣就能夠驅趕惡鬼，惡鬼消失了，高人神仙自然就出來了。您居住的地方臣子們都知道，這樣會對神仙造成傷害。真正的神仙，入水不會沾濕衣服，入火不會燒傷身體，能夠騰雲駕霧，壽命與天地一樣長久。現在皇帝您治理天下，沒能做到真正的清靜恬淡。希望皇帝您所居住的寢宮不要讓其他人知道，這樣一來，不死之藥很快就能夠得到了。』於是始皇説：『我很羨慕那些得道眞人，以後我就自稱爲「眞人」，不再稱「朕」了。』因此下令，將咸陽城附近二百里內的二百七十座宮殿都用天橋、甬道連接起來；將帷帳、鐘鼓和美人都安置在裏邊，并且規定各自按照登記的位置居住，不得擅自移動。如果有人説出被皇帝臨幸的地方，就以死罪論處。有一次始皇臨幸梁山宮，始皇從山上看見丞相的隨從車馬衆多，認爲這樣不好。有人知道後，偷偷將這件事告訴了丞相，以後丞相出門就減少了車馬數目，始皇生氣地説：『一定是宮中有人泄露了我説過的話。』立案審問，卻沒有人認罪，始皇下詔將當時跟隨在旁的人拘捕起來，全都殺掉。從此以後，沒有誰知道皇帝的行踪所在了。處理事務，群臣聽受命令，全都在咸陽宮進行。

侯生、盧生一起商量説：『秦始皇這個人，性情凶狠殘暴，剛愎自用，出身於諸侯，之後一統天下，事情都稱心如意，認爲古往今來沒有人能比得上他。爲政專制，親自任用看管監獄的官吏，那些獄吏都得到始皇的親近和寵幸。雖然博士有七十人，但他們形同虛設，根本沒有得到重用。丞相和諸位大臣都是接受始皇已經想好的命令，依仗皇帝的意願做事。皇帝喜歡用重刑、殺戮來顯示自己的威嚴，官員們都怕牽連獲罪，想保住自己的官位，因此沒人敢眞正竭盡忠誠。皇帝聽不到自己的過錯就會一天比一天更加驕橫。臣子們害怕皇帝不高興就會專門説一些謊話來討好皇帝。秦國的法律規定，一個方士不可以兼有兩種方術，如果方術不能應驗，方士就要被處死。但是占卜星象雲氣來預測吉凶的有三百多人，都是良士，可是他們因爲害怕皇帝怪罪，衹能避諱奉承，不敢直言指出始皇的過錯。天下的事情無論大小都要由皇帝決定，皇帝甚至用秤來稱量各種書簡的重量，關於書簡的上呈也有時間限制，早晚都可以上呈奏章，中午不可以上呈，閱讀達不到定額，就不可以休息。始皇貪戀權勢到了這種地步，我們不能爲他尋找仙藥。』因此他們就逃走了。始皇聽説侯生、盧生等人逃走了，十分憤怒地說：『我以前收取了全天下的書籍，將那些不合時用的書簡全部燒毀，我又招攬了很多文學方術之士，想要讓天下太平無事，方士們打算煉製靈丹妙藥。現在聽説韓衆等人逃跑一直不回來復命，徐市等人前後耗費巨萬，最後也沒能找到仙藥，衹是每天傳來一些爲了個人謀取利益的事情。我向來很尊敬盧生等人，對他們賞賜豐厚，如今他們卻誹謗我，指責我爲政不仁。我將派人詢問那些在咸陽的儒生，看看究竟是誰製造怪誕邪説來妖言惑衆。』於是，始皇派遣御史審問一些儒生，被抓的儒生互相指責，衹希望能免除自己的罪過。經過審問，確定下來觸犯法禁的儒生有四百六十多人，全部在咸陽活埋，始皇故意讓全天下的人都知道這件事，以此來警誡後人。更多的儒生都被發配到邊疆去戍守邊境。始皇長子扶蘇勸諫始皇說：『天下剛剛平定，遠方百姓尚未安定，儒生都是歌頌和效法孔子的人，您現在用如此嚴厲的刑罰來懲治他們，我擔心天下會因此而發生動亂。希望您能明察這件事。』始皇很不高興，命令扶蘇到北方的上郡去監視將軍蒙恬。

原文　三十六年，熒惑守心。有墜星下東郡，至地爲石，黔首或刻其石曰『始皇帝死而地分』。始皇聞之，遣御史逐問，莫服，盡取石旁居人誅之，因燔銷其石。始皇不樂，使博士爲僊真人詩，及行所游天下，傳令樂人歌弦之。秋，使者從關東夜過華陰平舒道，有人持璧遮使者曰：『爲吾遺滈池君。』因言曰：『今年祖龍死。』使者問其故，因忽不見，置其璧去。使者奉璧具以聞。始皇默然良久，曰：『山鬼固不過知一歲事也。』退言曰：『祖龍者，人之先也。』使御府視璧，乃二十八年行渡江所沈璧也。於是始皇卜之，卦得游徙吉。遷北河榆中三萬家。拜爵一級。

括地志云：『平舒故城在華州華陰縣西北六里。』水經注云『渭水又東經平舒北，城枕渭濱，半破淪水，南面通衢。昔秦之將亡也，江神送璧於華陰平舒道，即其處也』。』

括地志云：『九疑山在永州唐興縣東南一百里。皇覽冢墓記云舜冢在零陵郡營浦縣九疑山。』言始皇至雲夢，望祭虞舜於九疑山也。

譯文 三十六年，火星接近心宿。有一顆星星在東郡墜落，到地面之後星星變成一塊石頭，百姓中有人在這塊石頭上刻下『始皇帝死而地分』。秦始皇聽說這件事後，命令御史對當地百姓挨個進行審問，沒有人認罪，始皇命令將居住在石頭落地附近的全部居民都抓起來處死，又用火將這塊石頭燒毀。始皇不高興，讓博士創作《仙眞人詩》，記述他曾經出行巡游天下的事件，傳令樂工彈唱這些。秋天的時候，一個從關東來的使者，在夜晚經過華陰平舒路的時候，有人拿着璧玉攔住使者說：『替我把它送給滈池君。』又趁機說：『今年祖龍就要死了。』使者問他是什麼原因，這個人忽然不見了，祇留下他的璧玉。使者將璧玉獻給始皇，將事情的全部經過跟始皇講了一遍。始皇沉默了很長時間，說道：『山野間的鬼怪本來就祇知道一年之內的事情而已。』退朝後自思道：『那祖龍，是人們的首領。「今年祖龍死」難道說的是我嗎？』始皇派遣御府的人來查看這塊璧玉，竟然是始皇在二十八年出行渡江時，掉到水中的那塊璧玉。於是始皇趕快找人占卜吉凶，卦象顯示始皇如果巡游遷徙就會吉利。於是，始皇命令三萬戶百姓遷到北河、榆中居住。賜給遷徙者爵位一級。

原文 三十七年十月癸丑，始皇出游。左丞相斯從，右丞相去疾守。

少子胡亥愛慕請從，上許之。十一月，行至雲夢，望祀虞舜於九疑山。浮江下，觀籍柯，渡海渚。過丹陽，至錢唐。臨浙水，波惡，乃西百二十里從狹中渡。上會稽，祭大禹，望於南海，而立石刻頌秦德。其文曰：

皇帝休烈，平一宇內，德惠脩長。三十有七年，親巡天下，周覽遠方。遂登會稽，宣省習俗，黔首齋莊。群臣誦功，本原事迹，追首高明。秦聖臨國，始定刑名，顯陳舊章。初平法式，審別職任，以立恒常。六王專倍，貪戾泬猛，率眾自強。暴虐恣行，負力而驕，數動甲兵。陰通間使，以事合從，行爲辟方①。內飾詐謀，外來侵邊，遂起禍殃。義威誅之，殄熄暴悖，亂賊滅亡。聖德廣密，六合之中，被澤無疆。皇帝幷宇，兼聽萬事，遠近畢清。運理群物，考驗事實，各載其名。貴賤并通，善否陳前，靡有隱情。飾省②宣義，有子而嫁，從音才用反。烈，美也。所隨巡從諸臣，咸誦美，請刻此石。

倍死不貞。防隔內外，禁止淫泆，男女絜誠。夫爲寄豭，殺之無罪，男秉義程。妻爲逃嫁，子不得母，咸化廉清。大治濯俗，天下承風，蒙被休經。皆遵度軌，和安敦勉，莫不順令。黔首脩絜，人樂同則，嘉保太平。後敬奉法，常治無極，輿舟不傾。從臣誦烈，請刻此石，光垂休銘。

還過吳，從江乘渡。并海上，北至琅邪。方士徐市等入海求神藥，數歲不得，費多，恐譴，乃詐曰：『蓬萊藥可得，然常爲大鮫魚所苦，故不得至，原請善射與俱，見則以連弩射之。』始皇夢與海神戰，如人狀。問占夢，博士曰：『水神不可見，以大魚蛟龍爲候。今上禱祠備謹，而有此惡神，當除去，而善神可致。』乃令入海者齎捕巨魚具，而自以連弩候大魚出射之。自琅邪北至榮成山，弗見。至之罘，見巨魚，射殺一魚。遂并海西。

注釋 ①辟方：放縱，胡作非爲。辟，同『僻』。方，通『放』。②飾：通『飭』，整治。省：通『眚』，過失，錯誤。

譯文 三十七年十月癸丑，始皇出外巡游。左丞相李斯跟隨一起出游，右丞相馮去疾留守在咸陽城。始皇的小兒子胡亥非常羡慕，請求始皇帶着自己一起出游，始皇答應了他。十一月的時候，始皇一行人走到雲夢地區，朝九嶷山方向遙相祭祀虞舜。順流而下，觀覽籍柯，渡過江渚。途經丹陽，來到錢塘。面臨着波濤洶涌的浙水，又向西走了一百二十里，從江面狹窄的地方渡了過去。始皇登上會稽山，祭祀大禹，又望祭南海，在這裏立起一塊石碑，用來表彰秦朝的功德。碑文說：

皇帝建立了偉大的功勛，一統天下，德惠深厚長久。三十七年，始皇親自巡游全國，遍覽四方。因此始皇登上會稽山。體察民間風俗，百姓都十分恭敬，齋戒恭候。臣子們一起歌頌皇帝的功德，回顧創業的始末，追溯始皇的英明決策。秦國偉大的皇帝君臨天下，第一次確定了法律制度，將以往的規章清楚明白地宣布出來。第一次統一了處理政務的方法，審定和各個官吏的任職管理範圍，想借此機會建立一個亘古不變的制度。六國諸侯王獨斷專行，貪婪乖戾，傲慢凶猛，帶領着自己的百姓在地方上逐漸壯大起來。他們憑借武力暴虐縱恣，驕縱自負，屢次挑起事端。做間諜的使者暗中互相聯繫，實行合縱抗秦的政策，做法邪僻放縱。對內想盡辦法使用陰謀詭計，對外侵擾秦國邊境，因而帶來災難，始皇出於正義，采用武力去討伐他們，很快平息了暴亂，將亂賊剿滅。皇帝寬宏大量，厚德載物，四方人民都蒙受了皇帝無限的恩澤。皇帝一統天下，每天要處理數不清的事情，無論是遠方地區還是近處，都被皇帝處理得井井有條。運籌和治理天地萬物，根據事物的實際情況，將它們的名稱分別記載下來。無論是身份尊貴的人還是身份卑微的人，始皇都能留心觀察他們的活動，好事壞事都擺到面前，沒有絲毫的隱瞞。始皇宣傳大義，糾正人們的過錯。有了孩子卻改嫁他人，對這樣不守貞操的人加倍懲處。把內外隔離開來，禁止縱欲過度，男女要潔身自愛，以誠相待。如果發現做丈夫的和別人妻子通姦，殺死他也不觸犯法律，衹有這樣，男人才能眞正遵守道德規範的要求。做妻子的如果跑掉另嫁他人，兒子不能認她做母親，這樣一來，人們會逐漸被社會上廉潔清白的風氣所感化。社會展開大規模的整飭，不良的風俗習慣全部掃除，全天下的百姓都接受了新的文明社會風尚，得到良好的治理。人們都奉公守法，和睦相處，出入平安，敦厚勤勉，沒有不順從國家法令的人。百姓也變得有脩養，人人自覺遵守始皇統一規定的法制，一起保持着這種太平快樂的局面。後世的人們也能認眞地奉行始皇立下的法制，秦國就會無限期地長治久安下去，國家安穩，車船不傾。臣子們爭相贊頌皇帝的功業，請求立下這一石碑，讓始皇美好的德行永垂後世。

始皇返回時途經吳縣，乘船渡江而回。沿海北上，來到琅琊臺。方士徐市等人到海中尋找神藥，已經去了幾年仍然沒有找到，而且耗費了很多人力財力，擔心受到譴責，就向始皇謊稱：『本來是可以求到蓬萊的神藥的，但是總是有一條大鯊魚前來襲擊，所以不能到達蓬萊，希望您能派遣些擅長射箭的人同我們一同前往，這樣就能夠在鯊魚出現的時候立即用連弩射死它。』剛好始皇做夢夢見與海神交戰，夢中的海神與人長得一樣。始皇詢問占夢的博士，博士說：『水神是看不到的，它的到來通常是以大魚和蛟龍爲前兆。現在陛下恭敬而虔誠地進行禱告和祭祀，卻夢見這樣一個凶惡的海神，應當將它鏟除，以後眞正的善良的海神就能出現了。』於是，皇帝命令到海中去的人攜帶捕獲大魚的用具，而他自己親自帶上連弩，等待大魚出現的時候將它射死。從琅琊向北行進，到達榮成山，都沒有遇見大魚。到了之罘，終於看見了大魚，射死了一條。於是始皇帶着隊伍沿海西行。

括地志云：『沙丘臺在邢州平鄉縣東北二十里。』又云平鄉縣東北四十里。』按：始皇崩在沙丘之宮，平臺之中。邢州去京一千六百五十里。

原文

至平原津而病。始皇惡言死，群臣莫敢言死事。上病益甚，乃為璽書賜公子扶蘇曰：『與喪會咸陽而葬。』書已封，在中車府令趙高行符璽事所，未授使者。七月丙寅，始皇崩於沙丘平臺。丞相斯為上崩在外，恐諸公子及天下有變，乃祕之，不發喪。棺載轀涼車中，故幸宦者參乘，所至上食。百官奏事如故，宦者輒從轀涼車中可其奏事。獨子胡亥、趙高及所幸宦者五六人知上死。趙高故嘗教胡亥書及獄律令法事，胡亥私幸之。高乃與公子胡亥、丞相斯陰謀破去始皇所封書賜公子扶蘇者，而更詐為丞相斯受始皇遺詔沙丘，立子胡亥為太子。更為書賜公子扶蘇、蒙恬，數以罪，其賜死。語具在李斯傳中。行，遂從井陘抵九原。會暑，上轀車臭，乃詔從官令車載一石鮑魚，以亂其臭。

行從直道至咸陽，發喪。太子胡亥襲位，為二世皇帝。九月，葬

顏師古云：『三重之泉，言至水也。』

秦始皇病死沙丘

始皇酈山。始皇初即位，穿治酈山，及并天下，天下徒送詣七十餘萬人，穿三泉，下銅而致槨，宮觀百官奇器珍怪徙臧滿之。令匠作機弩矢，有所穿近者輒射之。以水銀為百川江河大海，機相灌輸，上具天文，下具地理。以人魚膏為燭，度不滅者久之。二世曰：『先帝後宮非有子者，出焉不宜。』皆令從死，死者甚眾。葬既已下，或言工匠為機，臧皆知之，臧重即泄。大事畢，已臧①，閉中羨，下外羨門，盡閉工匠臧者，無復出者。樹草木以象山。

注釋

①臧：同『藏』。

譯文　剛到平原津，始皇就生病了。始皇很討厭說死字，臣子們沒有誰敢提到死的事情。皇帝的病情日益加重，於是就寫了一封蓋有皇帝璽印的詔書派人給公子扶蘇送去，詔書說：『回來參加我的喪禮，然後在咸陽將我埋葬。』詔書加上封印，放在中車府，始皇命令趙高辦理詔書文件蓋印以及送發事宜，還沒有派遣專門負責傳遞的人員。七月丙寅，始皇在沙丘平臺駕崩。丞相李斯因爲皇帝是死在外面，他擔心皇帝的那些兒子以及國內百姓會有人發動叛亂，就下令封鎖了消息，不公布始皇的死訊。李斯命人將裝有始皇的棺材放在始皇生前乘坐的轀車中，仍然由原來親近的宦官陪乘，無論到了哪裏，仍然像往常一樣，送上飯食。百官也和過去一樣向皇帝上奏國事，轀車裏的宦官批准他們所奏之事。始皇駕崩這件事情衹有始皇的兒子胡亥、趙高和五六個親近的宦官知道。趙高過去曾經教胡亥學習文字和刑獄法律，胡亥私下裏與他很親近。趙高與公子胡亥、丞相李斯共同商議，使用陰謀詭計，毀掉了始皇早已封好準備送給公子扶蘇的詔書，而謊稱丞相李斯在沙丘接受始皇遺詔，立始皇的兒子胡亥爲太子。又另寫了詔書列舉了公子扶蘇、蒙恬的許多罪狀，命令他們自殺。這些事情在《李斯傳》中都有記載。胡亥等人繼續前進，從井陘一直到九原。當時正值暑天，始皇的轀車散發出陣陣惡臭，丞相李斯命令隨從官員每車載一石鮑魚，用來混淆始皇尸體腐爛的臭味。

胡亥一行人走直道徑直回到咸陽，這才宣布了始皇去世的消息。太子胡亥繼承帝位，成爲二世皇帝。九月，在驪山下葬始皇。始皇剛剛即位的時候，就開始在驪山開山鑿洞，等到他統一天下之後，下旨將天下七十多萬名刑徒全部送到驪山，把地鑿到露出第三層泉水才停止，用青銅封住，將棺槨運送到裏面。裏面有仿製的宮殿、百官，各種珍奇寶物在洞中都能看見，整個墓穴裝得滿滿的。始皇命令工匠製造了很多帶機關的弩箭，一旦有人接近墓室，機關就會自動射向目標。墓室裏用水銀做成千川百谿和江河大海，運用機械將它們互相灌注流通，墓中上方具備各種天象，下方有大地上的各種景象。用人魚的脂肪

扶蘇冤死

扶蘇反對父親的暴政，結果被打發到北邊去了。後來秦始皇突然病死沙丘，本來遺詔中要立扶蘇爲太子，趙高、李斯等人密謀立了秦始皇的小兒子胡亥爲新皇帝，然後處死了公子扶蘇。

做成蠟燭，因爲這樣一來蠟燭在很長時期裏都不會熄滅。秦二世說：『先帝後宮中那些沒有兒子的姬妾，放出宮去不大合適。』於是下令讓她們爲始皇陪葬，死去的人非常多。葬禮舉行完畢後，有人說，在裏面做工的奴隸都知道工匠製造的機關，他們人數衆多恐怕會泄漏出去。葬禮結束以後，封藏了墓室的隨葬品，又把其中的墓道封閉起來，最後關閉了最外面一段墓道的大門，關閉的同時將工匠奴隸全部關在裏面，沒有一個人活着逃出去的。又在墓地的外面種植了大量的草木，好像山一樣。

原文

二世皇帝元年，年二十一。趙高爲郎中令，任用事。二世下詔，增始皇寢廟犧牲及山川百祀之禮。令群臣議尊始皇廟。群臣皆頓首言曰：『古者天子七廟，諸侯五，大夫三，雖萬世世不軼毀。今始皇爲極廟，四海之内皆獻貢職，增犧牲，禮咸備，毋以加。先王廟或在西雍，或在咸陽。天子儀當獨奉酌祠始皇廟。自襄公已下軼毁。所置凡七廟。群臣以禮進祠，以尊始皇廟爲帝者祖廟。皇帝復自稱「朕」。』

西雍在咸陽西，今岐州雍縣故城是也。又一云西雍，雍西縣也。

二世與趙高謀曰：『朕年少，初即位，黔首未集附。先帝巡行郡縣，以示强，威服海内。今晏然不巡行，即見弱，毋以臣畜天下。』春，二世東行郡縣，李斯從。到碣石，并海，南至會稽，而盡刻始皇所立刻石，石旁著大臣從者名，以章先帝成功盛德焉：

皇帝曰：『金石刻盡始皇帝所爲也。今襲號而金石刻辭不稱始皇帝，其於久遠也如後嗣爲之者，不稱成功盛德。』丞相臣斯、臣去疾、御史大夫臣德昧死言：『臣請具刻詔書刻石，因明白矣。臣昧死請。』制曰：『可。』遂至遼東而還。

二世言始滅六國，威振古今，自五帝三王未及，既已襲位，而見金石盡刻其頌，不稱始皇成功威德甚遠矣。

譯文

秦二世元年，二世皇帝二十一歲。任命趙高爲郎中令，委任他處理很多國家大事。二世下詔，增加始皇陵廟祭祀用的牛羊，增加對山川等各種祭祀的禮數，讓臣子們展開討論，怎樣才能更加尊崇始皇廟。群臣都跪在地上向二世皇帝磕頭說：『古代天子有七座廟宇，諸侯有五座廟宇，大夫有三座廟宇，就算是再過千世萬世也不能毀壞。現在始皇的廟宇已經是一個極廟，全國上下都獻上本地的產品，增加了祭祀牛羊的數量，祭禮也都很完備，實在是不需要再增加什麼了。先王廟有的在西雍，有的在咸陽。按天子的禮儀來說，您應該親自拿着酒杯去祭拜始皇廟。自襄公以下廟宇全都廢除。一共設置七座廟宇。群臣以禮祭祀，將始皇廟尊崇爲秦國皇帝的祖廟。至於皇帝您仍然自稱爲「朕」。』

二世皇帝和趙高商議說：『我年齡小，剛剛登上皇位，百姓的心還沒有完全歸附。先帝用去郡縣巡視的方法，來顯示自己力量的強大，用強勢來讓天下子民臣服。現在如果就這樣按兵不動，不出去巡游，就會顯得皇帝軟弱無力，這樣是不能讓天下臣服的。』春天的時候，秦二世向東巡視郡縣，李斯一同隨從，到達碣石後，沿海而行，一路向南到達會稽，又在始皇所立的石碑上刻寫了文字，石碑旁還刻上了隨從大臣的名字，以此來顯示先帝取得的蓋世功績。

皇帝說：『這些石碑上的字都是始皇帝命人鐫刻下來的。現在我繼承了皇帝的稱號，而這些金石刻辭不稱始皇帝，等到很久很久以後，看起來就像是後來嗣位的人刻寫的，這與始皇帝取得的功績和隆盛的德業是不符合的。』丞相李斯、大臣馮去疾、御史大夫德冒着死罪的危險說道：『臣下請求皇帝命人將詔書的全部內容刻寫在石碑上，這樣就可以清楚了。臣下冒死提出這一請求。』二世下令說：『可以這樣做。』二世在到達遼東後就返回咸陽了。

原文　於是二世乃遵用趙高，申法令。乃陰與趙高謀曰：『大臣不服，官吏尚強，及諸公子必與我爭，爲之柰何？』高曰：『臣固願言而未敢也。先帝之大臣，皆天下累世名貴人也，積功勞世以相傳久矣。今高素小賤，陛下幸稱舉，令在上位，管中事。大臣鞅鞅①，特以貌從臣，其心實不服。今上出，不因此時案郡縣守尉有罪者誅之，上以振威天下，下以除去上生平所不可者。今時不師文而決於武力，原陛下遂從時毋疑，即群臣不及謀。明主收舉餘民，賤者貴之，貧者富之，遠者近之，則上下集而國安矣。』二世曰：『善。』乃行誅大臣及諸公子，以罪過連逮少近官三郎，無得立者，而六公子戮死於杜。公子將閭昆弟三人囚於內宮，議其罪獨後。二世使使令將閭曰：『公子不臣，罪當死，吏致法焉。』將閭曰：『闕廷之禮，吾未嘗敢不從賓贊也；

謂出土爲陵，既成，還復其土，故言復土。

廊廟之位，吾未嘗敢失節也；受命應對，吾未嘗敢失辭也。何謂不臣？原聞罪而死。』使者曰：『臣不得與謀，奉書從事。』將閭乃仰天大呼天者三，曰：『天乎！吾無罪！』昆弟三人皆流涕拔劍自殺。宗室振恐。群臣諫者以爲誹謗，大吏持祿取容，黔首振恐。

四月，二世還至咸陽，曰：『先帝爲咸陽朝廷小，故營阿房宮爲室堂。未就，會上崩，罷其作者，復土酈山。酈山事大畢，今釋阿房宮弗就，則是章先帝舉事過也。』復作阿房宮。外撫四夷，如始皇計。盡征其材士五萬人爲屯衛咸陽，令教射狗馬禽獸。當食者多，度不足，下調郡縣轉輸菽粟芻藁②，皆令自齎糧食，咸陽三百里內不得食其穀。用法益刻深。

注釋 ①鞅鞅：同『快快』，不滿意的樣子。②藁：同『稾』，穀類。

譯文 秦二世采用趙高的建議，進一步明確法令。私下裏他卻和趙高謀劃說：『大臣們不順服，官吏們也都勢力強大，始皇的其他公子們一定會與我爭奪皇位，我該怎麼做呢？』趙高說：『臣本來就想說這件事但是沒敢說。先帝的大臣，都是出身幾代享有名望的權貴之家，他們世世代代都建有很大功勛，世代相傳，已經很久了。我趙高一直身份卑微，如今承蒙陛下親近抬舉我，才讓我的官品居上，得以掌管宮中事務。對於這件事，大臣們心裏都快快不樂，雖然表面上很順從我，但心裏并不服氣。現在您在外巡視，爲什麼不趁機調查下面的郡縣守尉，如果有罪就將他處死，這樣一來，皇帝就能夠威震天下，同時還能鏟除您平生所不滿的人。現在這個時代，不能采用文治的手法，武力才是決定一切的主要方法，希望陛下能夠順應時勢的要求，不要有什麼懷疑猶豫，趁群臣還沒來得及策劃造反的時候先發制人。聖明的君主能夠收攬那些聖賢的人，身份低賤的人就讓他們變得高貴起來，貧窮的人就讓他們變得富有起來，本來疏遠的人現在親近他，那麼上下就會和睦，國家就會安定。』二世說：『很好。』於是誅殺了大臣和那些公子們，又用互相株連的罪名，將那些地位較低的近侍之臣和三署郎官全部逮捕，這些人都沒能保住自己的官位，另外又把始皇的其他六位公子都在杜縣處死。公子將閭兄弟三人被囚禁在內宮之中，最後單獨審議他們的罪行。二世派使者對將閭下令說：『你做事情沒有一個大臣應有的樣子，按所犯罪行你應當處死，相關的官吏將會給你一個法律制裁。』將閭說：『宮廷的禮儀，我從來不敢不服從司儀人的指揮；朝廷上的位次，我從來不敢違背禮節；接受皇帝的命令回答皇帝的問話，我從來不敢有任何言語差錯。爲什麼說我沒有大臣的樣子呢？我懇求讓我知道自己所犯下的罪行之後再死去。』使者說：『我沒有參與謀劃商議，衹是奉詔辦事罷了。』於是將閭仰天長嘯：『蒼天啊！我沒有罪！』兄弟三人都涕泪橫流，拔劍自刎而死。整個皇室都爲這件事震動，惶惶不可終日。群臣之中有直言進諫的都被以誹謗朝廷的罪名論處。大臣們拿着俸祿，衹能一味地諂媚討好，百姓都很驚恐。

四月，秦二世回到咸陽，他對臣子們說：『先帝因爲咸陽宮廷狹小，所以才興建阿房宮作爲室堂。宮殿還沒有完全建成，就趕上先帝駕崩了，所以停止了工程的進度，去驪山進行墓地的建造。現在，驪山的工程大體上已經結束，如果將阿房宮的建造就此擱置不去完成，就顯得先帝興建宮殿這件事是錯誤的。』於是，下令繼續脩建阿房宮。對外安撫四方夷狄的策略，和始皇使用的一樣。徵集了強壯的士兵五萬人，全部用來駐守咸陽，讓人教習射御。這些人加上狗馬牲畜，咸陽城每天都要消耗掉很多糧食，如果存儲的糧食不夠，就向下面的郡縣調用，將糧食草料等運送到咸陽，運送的人都需要自帶糧食，咸陽城三百里以內的百姓不能食用這批運送到咸陽城的糧食穀物。秦朝的執法制度更加嚴厲苛刻。

原文

七月，戍卒陳勝等反故荆地，爲『張楚』。勝自立爲楚王，居陳，遣諸將徇地。山東郡縣少年苦秦吏，皆殺其守尉令丞反，以應陳涉，相立爲侯王，合從西鄉，名爲伐秦，不可勝數也。謁者使東方來，以反者聞二世。二世怒，下吏。後使者至，上問，對曰：『群盜，郡守尉方逐捕，今盡得，不足憂。』上悅。武臣自立爲趙王，魏咎爲魏王，田儋爲齊王。沛公起沛。項梁舉兵會稽郡。

二年冬，陳涉所遣周章等將西至戲，兵數十萬。二世大驚，與群臣謀曰：『奈何？』少府章邯曰：『盜已至，衆強，今發近縣不及矣。酈山徒多，請赦之，授兵以擊之。』二世乃大赦天下，使章邯將，擊破周章軍而走，遂殺章曹陽。二世益遣長史司馬欣、董翳佐章邯擊盜，殺陳勝城父，破項梁定陶，滅魏咎臨濟。楚地盜名將已死，章邯乃北渡河，擊趙王歇等於鉅鹿。

【譯文】七月，負責戍守過去楚地的士卒陳勝等人在楚地起兵造反，建立了張楚。陳勝自立爲楚王，居住在陳縣，派遣將領攻城略地。山東郡縣的青年人一直爲秦朝官吏的殘暴統治所苦，於是一起殺死了他們的守尉令丞，響應陳涉，起來造反，他們陸續自立爲諸侯王，聯合起來，以一起討伐暴秦的名義，一路向西進軍，參與造反的人多得無法計算。出使東方的使者回來後，將民間發生叛亂的事情報告給二世。秦二世大怒，下令將前來拜見的人交給了獄吏治罪。於是其他使者回來後，二世問他情況，使者就回答說：『這是一群盜賊，郡守郡尉正在追捕，現在已經全部抓獲了，不用擔憂。』秦二世很高興。武臣自封爲趙王，魏咎爲魏王，田儋爲齊王。沛公劉邦在沛縣起義。項梁在會稽郡起義。

秦二世二年冬天，陳涉派遣周章等將領向西挺進，帶領着數十萬大軍，到達戲水。秦二世得知此事後，大爲震驚，和群臣商議說：『應該如何應對呢？』少府章邯說：『盜賊已經來到這裏，他們兵衆勢強，現在調發附近縣城的軍隊已經來不及了。驪山有很多犯罪的刑徒，臣請求您能赦免他們的罪，同時發給他們兵器，讓他們出擊反賊。』於是，秦二世大赦天下，派章邯爲將領，打敗了周章的軍隊，周章逃走，章邯在曹陽殺死了周章。二世又派遣長史司馬欣、董翳協助章邯進攻反賊，在城父殺死了陳勝，在定陶打垮了項梁，在臨濟消滅了魏咎。楚地反賊中，有名的將領都已經被殺死了，章邯就向北渡過黃河，在鉅鹿進攻趙王歇等人。

【原文】趙高說二世曰：『先帝臨制天下久，故群臣不敢爲非，進邪說。今陛下富於春秋，初即位，柰何與公卿廷決事？事即有誤，示群臣短也。天子稱朕，固不聞聲。』於是二世常居禁中，與高決諸事。其後公卿希[1]得朝見，盜賊益多，而關中卒發東擊盜者毋已。右丞相去疾、左丞相斯、將軍馮劫進諫曰：『關東群盜并起，秦發兵誅擊，所殺亡甚衆，然猶不止。盜多，皆以戍漕轉作事苦，賦稅大也。請且止阿房宮作者，減省四邊戍轉。』二世曰：『吾聞之韓子曰：「堯舜采椽不刮，茅茨不翦[2]，飯土塯，啜土形[3]，雖監門之養，不觳於此。

烈，美也。言臣虜之勞，猶不美於此矣。又烈，酷也。禹鑿龍門，通大夏，道決黄河洪水放之海，身持鍬杵，使膝脛無毛，賤臣奴虜之勤勞，不酷烈於此辛苦矣。

禹鑿龍門，通大夏，決河亭④水，放之海，身自持築臿，脛毋毛，臣虜之勞不烈於此矣。」凡所爲貴有天下者，得肆意極欲，主重明法，下不敢爲非，以制御海内矣。夫虞、夏之主，貴爲天子，親處窮苦之實，以徇⑤百姓，尚何於法？朕尊萬乘，毋其實，吾欲造千乘之駕，萬乘之屬，充吾號名。且先帝起諸侯，兼天下，天下已定，外攘四夷以安邊竟⑥，作宮室以章得意，而君觀先帝功業有緒。今朕即位二年之間，群盜并起，君不能禁，又欲罷先帝之所爲，是上毋以報先帝，次不爲朕盡忠力，何以在位？』下去疾、斯、劫吏，案責他罪。去疾、劫曰：『將相不辱。』自殺。斯卒囚，就五刑。

注釋 ①希：同『稀』，少。②翦：同『剪』。③形：通『型』，瓦器。④亭：同『停』，停滯。⑤徇：同『殉』。⑥竟：同『境』。

譯文 趙高勸告秦二世說：『先帝統治天下的時間很長，因此群臣不敢胡作非爲，向先帝提出什麼歪理邪說。現在陛下您正值年少氣盛，又是剛剛登上皇位，怎麼能和公卿大臣在朝廷上商議事情呢？萬一什麼事情出了差錯，就是把自己的短處暴露給群臣了。天子自稱爲朕，本來就不應該讓群臣輕易聽到天子的聲音。』於是秦二世常常住在禁宫裏，和趙高兩個人一起決斷各種政務。從此以後，公卿大臣很少有機會見到皇帝了。反賊越來越多，關中被調發到東部地區去攻打反賊的士兵一批接一批。右丞相馮去疾、左丞相李斯、將軍馮劫一起向二世皇帝進諫說：『關東成群的反賊一起起來造反，秦國發兵鎮壓，已經殺死了很多反賊，可是叛亂依然沒有平息。反賊這樣多，正是因爲戍守邊疆、治理河漕以及各種大興土木的工程差役讓百姓太過勞苦，賦税又過於沉重。請求皇帝停止阿房宫的興建，減少四方邊境的屯戍兵數和運輸任務。』二世說：『我從韓非子那裏聽說：「堯、舜的櫟木屋椽不加整治，茅草屋不加脩葺，吃飯用土碗，喝水用瓦盆，就算是看守城門的官吏的吃食和用品，也沒有節儉到這種地步。大禹開鑿龍門，使大夏暢通，又脩治河道，疏導積水，將積水引入大海，親自拿着築牆的杵和挖土的鍬，整天將兩條腿泡在泥水裏，小腿上的汗毛都掉光了，奴僕雖然勞苦，但是絕對不會比大禹所受的辛苦程度更厲害。」那些尊貴而掌握了全天下的人，應該想做什麼做什麼，衹要着重明確法律制度，下面的百姓就不會胡作非爲，這樣才能夠統治天下。像那虞、夏的君主，雖然貴爲天子，卻始終讓自己處在窮苦的狀況之中，委屈自己來順從百姓，這樣的話還要法治有什麼用？我貴爲萬乘之君，卻沒有萬乘之實，我要製造一輛由一千匹馬拉的車駕，設置一萬乘的隨從臣屬，這樣才符合我這萬乘之君的名號。況且先帝出身於諸侯，後來統一天下，現在天下已經安定，對外能夠抗禦四方夷狄。邊境安寧，興脩宮殿，衹是爲了顯示自己的得意之情，讓我們看到了先帝功業的開端和發展。現在我剛剛即位兩年，民間卻反賊四起，你們卻不能夠制止這種情況，反而想要廢除先帝所做的事情，這對上是無以報答先帝，其次也是不能爲我竭力盡忠，既然如此，又憑什麼身居現在的官位？」把馮去疾、李斯、馮劫交給獄吏審查，官吏審查追究他們的各種罪行。馮去疾、馮劫說：「將相不能讓自己的身體受到這樣的侮辱。」於是自殺而死。李斯最後被囚禁在獄中，遭受了各種各樣的刑罰。

原文 三年，章邯等將其卒圍鉅鹿，楚上將軍項羽將楚卒往救鉅鹿。冬，趙高爲丞相，竟案李斯殺之。夏，章邯等戰數卻，二世使人讓邯，邯恐，使長史欣請事。趙高弗見，又弗信。欣恐，亡去，高使人捕追不及。欣見邯曰：『趙高用事於中，將軍有功亦誅，無功亦誅。』項羽急擊秦軍，虜王離，邯等遂以兵降諸侯。八月己亥，趙高欲爲亂，恐群臣不聽，乃先設驗，持鹿獻於二世，曰：『馬也。』二世笑曰：『丞相誤邪？謂鹿爲馬。』問左右，左右或默，或言馬以阿順趙高。或言鹿，高因陰中諸言鹿者以法。後群臣皆畏高。

高前數言『關東盜毋能爲也』，及項羽虜秦將王離等鉅鹿下而前，章邯等軍數卻，上書請益助，燕、趙、齊、楚、韓、魏皆立爲王，自關以東，大氐①盡畔秦吏

斬李斯父子

秦始皇死後，李斯爲保全自己的利益，附和趙高僞造遺詔，立少子胡亥爲帝。趙高篡權後又施展陰謀，誣陷李斯謀反。公元前二〇八年，李斯在咸陽街頭被腰斬於市，并被滅三族。

括地志云：『秦望夷宮在雍州咸陽縣東南八里。張晏云臨涇水作之，望北夷。』

蔡邕曰：『群臣士庶相與言，曰殿下、閣下、足下、侍者、執事，皆謙類。』

應諸侯，諸侯咸率其衆西鄉。沛公將數萬人已屠武關，使人私於高，高恐二世怒，誅及其身，乃謝病不朝見。二世夢白虎齧其左驂馬，殺之，心不樂，怪問占夢。卜曰：『涇水爲祟。』二世乃齋於望夷宮，欲祠涇，沈四白馬。使使責讓高以盜賊事。高懼，乃陰與其婿咸陽令閻樂、其弟趙成謀曰：『上不聽諫，今事急，欲歸禍於吾宗。吾欲易置上，更立公子嬰。子嬰仁儉，百姓皆載②其言。』使郎中令爲內應，詐爲有大賊，令樂召吏發卒，追劫樂母置高舍。遣樂將吏卒千餘人至望夷宮殿門，縛衛令僕射，曰：『賊入此，何不止？』衛令曰：『周廬設卒甚謹，安得賊敢入宮？』樂遂斬衛令，直將吏入行射，郎宦者大驚，或走或格，格者輒死，死者數十人。郎中令與樂俱入，射上幄坐幃。二世怒，召左右，左右皆惶擾不鬥。旁有宦者一人，侍不敢去。二世入內，謂曰：『公何不蚤告我？乃至於此！』宦者曰：『臣

不敢言，故得全。使臣蚤言，皆已誅，安得至今？』閻樂前即二世數曰：『足下驕恣，誅殺無道，天下共畔足下，足下其自爲計。』二世曰：『丞相可得見否？』樂曰：『不可。』二世曰：『吾願得一郡爲王。』弗許。又曰：『願爲萬戶侯。』弗許。曰：『願與妻子爲黔首，比諸公子。』閻樂曰：『臣受命於丞相，爲天下誅足下，足下雖多言，臣不敢報。』麾其兵進。二世自殺。

注釋　①氏：同『抵』。②載：同『戴』，擁護。

譯文　秦二世三年，章邯等人率領着士兵包圍了鉅鹿，楚國的上將軍項羽帶領楚國士兵趕往鉅鹿援救。冬天的時候，趙高做了丞相，對李斯進行了一番徹底的審查，最終殺死了他。夏天的時候，章邯等人在前綫屢次退卻，秦二世派人指責章邯，章邯心裏很害怕，派長史司馬欣向秦二世請示。趙高不肯接見他，又不信任他。司馬欣很害怕，就逃走了。趙高派人追捕司馬欣，沒有追上。司馬欣見到章邯說：『現在朝中趙高獨攬大權，無論將軍您有功還是無功，最終都會被殺。』項羽奮力攻打秦軍，

俘虜了王離，章邯等人帶領着軍隊一起投降了各路諸侯。八月己亥，趙高想要謀反作亂，又擔心群臣不肯服從，就事先做了一個試驗，他找來一匹鹿獻給秦二世，并說：『這是一匹馬。』秦二世笑着說：『丞相錯了吧？把鹿說成是馬。』趙高問左右的大臣，大臣們有的緘默不語，有的爲了迎合趙高就說確實是馬。也有人說這是鹿，趙高假借法律，暗中將那些說是鹿的人都做了懲治。從此大臣們都很畏懼趙高。

趙高以前曾說過很多次『關中的反賊不會有什麼作爲』，等到項羽在鉅鹿俘虜了秦國大將王離等人，然後繼續向秦國都城推進，章邯等人的軍隊卻屢次敗退，上書請求增加士兵數目，燕、趙、齊、楚、韓、魏都自立爲王，自函谷關以東，秦朝的官吏幾乎全背叛了秦國，響應各路諸侯的號召，諸侯們率領自己的軍隊向西進軍。沛公率領幾萬人將武關毀壞，派人私下暗通趙高。趙高擔心秦二世發怒，自己受到株連之罪，就以生病爲借口，不去朝見皇帝。二世夢見一隻白色的老虎咬他的那匹在左邊拉車的馬，最後還將馬咬死了。二世心裏悶悶不樂，對這個夢境感到很奇怪，就去問占夢的人。占夢的人占卜說：『涇水的水神在作祟。』於是二世在望夷宮舉行齋戒，祭祀涇水的水神，往水裏送了四匹白馬。又派使者用反賊的事情去指責趙高。趙高很害怕，就與他的女婿咸陽令閻樂、他的弟弟趙成暗中謀劃說：『皇帝聽不進去勸告，現在事情緊急，想要嫁禍給我們這個家族。我準備將二世廢掉，另立公子嬰爲皇帝。公子嬰生性仁愛節儉，百姓都很聽從他說的話。』趙高讓郎中令在朝內做內應，欺騙二世說來了一大群反賊，命令閻樂召集官吏派兵追擊，又挾持了閻樂的母親，安置在趙高的家裏。趙高命令閻樂帶領一千多名士卒來到望夷宮殿門，將衛令僕射捆綁起來，說：『反賊都已經跑到這裏來了，爲什麼不加阻止？』衛令說：『周廬四周士兵守衛森嚴，怎麼會有盜賊闖入呢？』閻樂就殺了衛令，徑直率領吏卒們走進宮中，一邊走，一邊射箭，郎官和宦者都非常驚慌，有的逃竄，有的上前阻止，阻止的人都被殺死，死了幾十人。郎中令和閻樂一起來到二世皇帝的寢宮，把箭射向二世坐息的帷帳。秦二世大怒，召集左右侍衛，侍衛們都很害怕，不敢上前打鬥。二世身邊有一個宦官，始終陪着二世，不敢走掉。二世逃到內室，對陪侍的宦官說：『你爲什麼不早告訴我？現在竟然到了這種地步？』宦官說：『我不敢說，所以才能保全性命。如果我早說了，早就被殺死了，怎麼會活到現在啊？』閻樂走到二世面前，列舉他的數條罪狀說：『你驕橫縱恣，暴戾成性，昏庸無道，全天下的百姓一起背叛了你，你還是自己早作打算吧。』二世說：『可以讓我見見丞相嗎？』閻樂說：『不可以。』二世說：『我希望給我一個郡，讓我去做一郡之主。』閻樂不答應。二世又說：『我希望做萬戶侯。』閻樂仍不答應。二世說：『我祇希望能夠和自己的妻子兒女成爲和那些公子們一樣的尋常百姓。』閻樂說：『我受丞相之命，替天下百姓處死你，你雖然說了很多，但是我不敢向丞相報告。』閻樂指揮他的士兵向前攻擊秦二世。二世自殺而死。

原文

閻樂歸報趙高，趙高乃悉召諸大臣公子，告以誅二世之狀。曰：『秦故王國，始皇君天下，故稱帝。今六國復自立，秦地益小，乃以空名爲帝，不可。宜爲王如故，便。』立二世之兄子公子嬰爲秦王。以黔首葬二世杜南宜春苑中。令子嬰齋，當廟見，受王璽。齋五日，子嬰與其子二人謀曰：『丞相高殺二世望夷宮，恐群臣誅之，乃詳以義立我。我聞趙高乃與楚約，滅秦宗室而王關中。今使我齋見廟，此欲因廟中殺我。我稱病不行，丞相必自來，來則殺之。』高使人請子嬰數輩，子嬰不行，高果自往，曰：『宗廟重事，王柰何不行？』子嬰遂刺殺高於齋宮，三族高家以徇咸陽。子嬰爲秦王四十六日，楚將沛公破秦軍入武關，遂至霸上，使人約降子嬰。子嬰即繫頸以組，白馬素車，奉天子璽符，降軹道旁。沛公遂入咸陽，封宮室府庫，還軍霸上。居月餘，諸侯兵至，項籍爲從長，殺子嬰及秦諸公子宗族。遂屠咸陽，燒其宮室，虜其子女，收其珍寶貨財，諸侯共分之。滅秦之後，各分其地爲三，名曰雍王、塞王、翟王，號曰三秦。項羽爲西楚霸王，主命分天下王諸侯，秦竟滅矣。後五年，天下定於漢。

應劭曰：『霸水上地名，在長安東三十里。古名滋水，秦穆公更名霸水。』

譯文

閻樂回來向趙高復命，趙高召集了所有的大臣和公子，告訴他們殺死二世的事情。趙高說：『秦國原本祇是一個諸侯國，始皇君臨天下，所以號稱皇帝。現在六國又重新自立爲王，秦國的領土日益縮小，卻仍然自稱皇帝，徒有虛名，這是不可以的。應該像過去那樣自稱爲王，這樣比較合適。』就立二世哥哥的兒子公子嬰爲秦王。用埋葬百姓的禮儀將二世埋葬在杜縣南面的宜春苑中。趙高讓子嬰進行齋戒，并且到宗廟祭祀祖先，接受秦王的印璽。子嬰齋戒了五天，和他的兩個兒子密謀說：『丞相趙高在望夷宮殺死了二世皇帝，他擔心群臣對他興師問罪，就假裝以仁義爲名，立我爲王。我聽說趙高和楚國反賊約定，他消滅秦國宗室之後，在關中自立爲王。現在讓我齋戒，拜見祖廟，這是想要趁機在祖廟裏殺死我啊。我借口生病不去祭祀，丞相一定會親自來到這裏，來的時候我們就殺死他。』趙高派人請了子嬰幾次，子嬰都不去，趙高眞的就親自來請子嬰了，趙高說：『祭祀祖廟這是國家大事，你怎麼能不去呢？』子嬰就在齋戒的宮室裏將趙高刺殺，然後將趙高家的三族全部在咸陽斬首示衆。子嬰衹當了四十六天秦王，楚將沛公進入武關，攻破秦軍，駐扎在霸上，派人去讓子嬰簽約投降。子嬰就用絲帶繫住自己的脖子，白馬素車，捧着天子的印璽和符節，在軹道旁投降。於是沛公進到咸陽城，將宮室府庫全部封閉，軍隊重新駐扎回霸上。駐扎了一個多月，各路諸侯的軍隊到了，項羽是各個諸侯聯軍的領袖，他殺死了子嬰和秦公子的宗族。還屠毀了咸陽城，將秦國的宮室都焚燒殆盡，同時還俘虜了秦王的兒女，搜刮了所有的珍寶財物，諸侯們一起將財物瓜分了。秦國滅亡以後，它的領土被分爲三份，由雍王、塞王、翟王統治，號稱三秦。項羽是西楚霸王，主要任務是負責分封天下

諸侯王，秦朝就這樣滅亡了。過了五年，漢朝統一了全國。

原文 太史公曰：秦之先伯翳，嘗有勛於唐虞之際，受土賜姓。及殷夏之間微散。至周之衰，秦興，邑於西垂①。自繆公以來，稍蠶食諸侯，竟成始皇。始皇自以爲功過五帝，地廣三王，而羞與之侔。善哉乎賈生推言之也！曰：

秦并兼諸侯山東三十餘郡，繕津關，據險塞，脩甲兵而守之。然陳涉以戍卒散亂之衆數百，奮臂大呼，不用弓戟之兵，鉏櫌②白梃，望屋而食，橫行天下。秦人阻險不守，關梁不闔，長戟不刺，強弩不射。楚師深入，戰於鴻門，曾無藩籬之艱。於是山東大擾，諸侯并起，豪俊相立。秦使章邯將而東征，章邯因以三軍之衆要市於外，以謀其上。群臣之不信，可見於此矣。子嬰立，遂不寤③。藉使子嬰有庸主之材，僅得中佐，山東雖亂，秦之地可全而有，宗廟之祀未當絕也。

秦地被山帶河以爲固，四塞之國也。自繆公以來，至於秦王，二十餘君，常爲諸侯雄。豈世世賢哉？其勢居然也。且天下嘗同心并力而攻秦矣。當此之世，賢智并列，良將行其師，賢相通其謀，然困於阻險而不能進，秦乃延入戰而爲之開關，百萬之徒逃北而遂壞。豈勇力智慧不足哉？形不利，勢不便也。秦小邑并大城，守險塞而軍，高壘毋戰，閉關據阨，荷戟而守之。諸侯起於匹夫，以利合，非有素王之行也。其交未親，其下未附，名爲亡秦，其實利之也。彼見秦阻之難犯也，必退師。安土息民，以待其敝，收弱扶罷④，以令大國之君，不患不得意於海內。貴爲天子，富有天下，而身爲禽者，其救敗非也。

注釋 ①垂：同『陲』，邊境。②欋：同『耰』，擊碎土塊平整土地的農具。③寤：同『悟』。④罷：通『疲』。

譯文 太史公說：秦國的祖先伯翳，曾經在唐、虞之際立下了功勛，因而獲封土地和姓氏。到了殷商、夏朝的時候，其家族勢力漸漸衰微。等到周朝沒落之後，秦國興起，在西邊建築了城邑。從秦穆公以來，秦國逐漸蠶食諸侯，最後統一事業由秦始皇眞正完成了。始皇認爲自己的功勞超過了五帝，秦國領土範圍比三王還廣闊，他認爲將自己和三王五帝相提并論是一種恥辱。賈生的論述說得非常好。他說：

秦國吞并了各個諸侯國，山東三十多郡也被秦國吞并，繕治津渡和關隘，這些險要的地方都駐扎了軍隊，秦國訓練軍隊士兵，加以防守。但是陳涉能夠憑借幾百個散亂的戍卒，舉起雙臂大聲召集一聲，甚至連弓戟一類的兵器都不用，衹憑借鋤頭、木棍，走到哪裏，就在哪裏吃東西，全天下也沒有任何阻攔。秦人雖然有險要的地形卻不能固守，有關口橋梁也不進行封鎖，有長戟等兵器卻不能刺殺，有連弩卻不能發射。張楚的軍隊深入腹地，在鴻門展開戰鬥，甚至連越過籬笆這樣的困難都沒遇到。這個時候山東大亂，諸侯同時并起，豪傑俊士相互推立爲王。秦國派遣章邯率軍東征，章邯在外利用自己統率的軍隊進行要挾，想要從君主手中爲自己謀取私利。群臣都沒有什麼信用可講，從這點就能夠看出來。子嬰被立爲王，最終也沒有醒悟。如果子嬰眞的是一個有能力的君主，衹要具有中等才能的輔佐大臣，儘管山東叛亂，秦國的故地還是有保全的希望的，宗廟祭祀也不會斷絕。

秦地後面以高山做屏障，前面以河流做護城河，地勢險固，是四面都有屏障和要塞的國家。從秦穆公以來，一直到秦王，先後共有二十多個君主，曾經是諸侯之中最優秀的君主。難道秦國世世代代都是賢君聖主嗎？那是它的地理形勢所造成的。其他國家曾經同心協力試圖進攻秦國。在那個時候，賢人智者會聚，優秀的將領統率士兵，賢明的宰相互相交流商議彼此的謀略，但是仍然因爲險峻的地形而不能前進。秦國可以對各國軍隊敞開關門，誘導敵軍深入秦國腹地，再進行交戰，於是六國上百萬的士兵敗北而逃。這難道是因爲六國的人武力和智慧不夠嗎？是地形不利，形勢不便的緣故。秦國將各個小城合并成大城市，在險要的地方駐軍防守，高築營壘，不去交戰，封閉關口，占據關口，士兵手拿着兵器把守這些地方。諸侯都是從平民百姓中起來的，他們衹是因爲相互的利益關係才互相結盟的，他們之間的交情并不深，他們的下屬也并非誠心歸服，表面上以消滅秦國爲名，實際上都是爲了一己的私利。因而當他們看見秦國地勢險阻，很難攻破，一定會撤軍。秦使百姓休養生息，等待各諸侯國的衰敗，再收養他們國家裏的貧弱子民，幫助他們脫離疲困，來向大國諸侯發號施令，一定會得到天下百姓的擁戴。子嬰雖貴爲天子，擁有整個天下，而自己卻被抓去成爲一名俘虜，這是因爲

他挽救敗亡的策略不正確。

原文　秦王足已不問，遂過而不變。二世受之，因而不改，暴虐以重禍。子嬰孤立無親，危弱無輔。三主惑而終身不悟，亡，不亦宜乎？當此時也，世非無深慮知化之士也，然所以不敢盡忠拂過者，秦俗多忌諱之禁，忠言未卒於口而身爲戮沒矣。故使天下之士，傾耳而聽，重足而立，拑口而不言。是以三主失道，忠臣不敢諫，智士不敢謀，天下已亂，奸不上聞，豈不哀哉！先王知壅[1]蔽之傷國也，故置公卿大夫士，以飾法設刑，而天下治。其強也，禁暴誅亂而天下服。其弱也，五伯征而諸侯從。其削也，內守外附而社稷存。故秦之盛也，繁法嚴刑而天下振；及其衰也，百姓怨望而海內畔矣。故周五序得其道，

而千餘歲不絕。秦本末并失，故不長久。由此觀之，安危之統相去遠矣。野諺曰『前事之不忘，後事之師也』。是以君子爲國，觀之上古，驗之當世，參以人事，察盛衰之理，審權勢之宜，去就有序，變化有時，故曠日長久而社稷安矣。

注釋 ①雍：通『壅』。

譯文 秦王爲人剛愎自用，不虛心下問，因此儘管犯下錯誤也不知道改正。秦二世繼承了始皇的錯誤，沿襲不改，同時凶殘成性，更是加重了禍患。子嬰孤身一人，沒有可以親近的人，地位岌岌可危，卻沒有人在身邊輔助他。三個君主都一生迷惑不悟，最終導致國家滅亡，不也是合理的嗎？在這個時候，世上并不是沒有能夠深謀遠慮、懂得權宜之計的人才，所有人都不敢盡忠直諫，糾正皇帝的錯誤的原因，是因爲秦國有很多習俗有很多禁忌，沒等說完那些直諫的忠言，自己就已經被殺害了。因此全天下的人，無不俯首帖耳，叠足而立，閉口不言。正是因爲秦國的三個君主不懂得治國之道，忠臣不敢直言進諫，有謀略的智士不敢出謀劃策，天下已經大亂，還是沒有人向君主稟告那些奸邪的事情，這難道不是可悲的地方嗎？先王清楚上下壅塞蒙蔽會有損國家的利益，所以設置了公卿、大夫、士等職位，目的是爲了整飭法令，建立公平、公正的刑罰，讓天下都能夠得到很好的治理。國勢強盛的時候，能夠禁止殘暴，討伐叛亂，天下臣服；國勢衰弱的時候，百姓心裏都產生怨懟情緒，舉國上下發生叛亂。因此有五霸代替天子征討獲得民心，而這樣的事情雖然歷經了一千多年也沒有消失。秦朝本末都丟失了，因此國運難以維持長久。由此看來，國家治理安危的權利已經漸漸消失了。民間有句諺語說『前事不忘，後事之師』。所以有道德修養的人治理國家，會觀察遠古的得失，考察當代的所作所爲，再仔細斟酌人的因素，了解興衰的道理，能夠審時度勢，懂得明智的取捨，在適當的時間實行改革，這樣國家才能夠長治久安。

原文 秦孝公據殽函之固，擁雍州之地，君臣固守而窺周室，有席卷天下，包舉宇內，囊括四海之意，并吞八荒之心。當是時，商君佐之，內立法度，務耕織，脩守戰之備，外連衡而鬥諸侯，於是秦人拱手而取西河之外。

春秋緯曰諸侯冰散席卷也。

言孟嘗等四君皆爲其國共相約結爲從，以離散秦之横。

孝公既沒，惠王、武王蒙故業，因遺册①，南兼漢中，西舉巴、蜀，東割膏腴之地，收要害之郡。諸侯恐懼，會盟而謀弱秦，不愛珍器重寶肥美之地，以致天下之士，合從締交，相與爲一。當是時，齊有孟嘗，趙有平原，楚有春申，魏有信陵。此四君者，皆明知而忠信，寬厚而愛人，尊賢重士，約從離衡，幷韓、魏、燕、楚、齊、趙、宋、衛、中山之衆。於是六國之士有寧越、徐尚、蘇秦、杜赫之屬爲之謀，齊明、周最、陳軫、昭滑、樓緩、翟景、蘇厲、樂毅之徒通其意，吳起、孫臏、帶佗、兒良、王廖、田忌、廉頗、趙奢之朋制其兵。常以十倍之地，百萬之衆，叩關而攻秦。秦人開關延敵，九國之師逡巡遁逃而不敢進。秦無亡矢遺鏃之費，而天下諸侯已困矣。於是從散約解，爭割地而奉秦。秦有餘力而制其敝，追亡逐北，伏尸百萬，流血漂鹵②。因利乘便，宰割天下，分裂河山，強國請服，弱

國入朝。延及孝文王、莊襄王，享國日淺，國家無事。

注釋　①册：同「策」。②鹵：通「櫓」，大盾。

譯文　秦孝公占據像殽山、函谷關這樣堅固的地方，擁有雍州這一地區，君臣都牢固把守着自己的領土，同時窺探周朝的政權，有席卷天下、囊括宇宙、吞幷四海的意圖，以及吞幷八方的心願。在那個時候，商君輔佐秦孝公，對內制定各種法律制度，着重發展耕織，整脩作戰用的武器，對外采取連衡的策略，與諸侯進行鬥爭，這樣秦國人輕而易舉地獲得了西河以外的地區。

秦孝公駕崩後，秦惠王、秦武王繼承了先王的基業，繼續使用遺留下來的策略，向南兼幷了漢中，向西攻占了巴、蜀等地，向東割取了肥沃的土地，獲得了地勢險要的郡縣。諸侯開始感到恐慌，結盟共同商量削弱秦國的對策，不吝惜各種奇珍異寶以及肥美的土地，衹爲召集天下的有識之士，采用合縱締盟的策略，彼此結合在一起。這個時候，齊國有孟嘗君，趙國有平原君，楚國有春申君，魏國有信陵君。這四個人，都是具有大智慧而且忠誠守信的人，他們爲人寬厚，禮賢下士，彼此商議用合縱的方法來破壞秦國的連衡策略，集合了韓、魏、燕、楚、齊、趙、宋、衛、中山的士兵。然後，六國

有寧越、徐尚、蘇秦、杜赫這樣的能人義士共同爲諸侯國出謀劃策，有齊明、周最、陳軫、昭滑、樓緩、翟景、蘇厲、樂毅這一類人負責溝通傳遞各國的意見，有吳起、孫臏、帶佗、兒良、王廖、田忌、廉頗、趙奢這一批人負責訓練和統率各諸侯國的軍隊。他們曾經用十倍於秦國的土地，上百萬大軍，一起衝擊函谷關，進攻秦國。秦人打開函谷關迎敵，九國軍隊逡巡不前，不敢貿然前進，最後紛紛逃遁。就這樣秦國沒花費一兵一卒，就讓天下諸侯處於困境之中。於是合縱政策宣告瓦解，盟約被廢，各諸侯爭先恐後地割地進獻給秦國。秦國有足夠的力量來利用各國的短處，追趕那些敗北逃亡的敵人，野外躺着上百萬被殺的尸體，流的鮮血能夠讓大盾牌漂浮起來。秦國趁着戰爭勝利的有利條件，任意宰割天下諸侯，將大好山河一塊一塊地割取過來，那些比較強大的國家紛紛請求歸附，弱小的國家更是主動來到秦國進行朝拜。這種習俗一直延續到孝文王、莊襄王，這兩個秦王在位時間短暫，國家幷沒有什麼重大的事情發生。

原文 及至秦王，續六世之餘烈，振長策而御宇內，吞二周而亡諸侯，履至尊而制六合，執棰拊以鞭笞天下，威振四海。南取百越之地，以爲桂林、象郡，百越之君俛首繫頸，委命下吏。乃使蒙恬北築長城而守藩籬，卻匈奴七百餘里，胡人不敢南下而牧馬，士不敢彎弓而報怨。於是廢先王之道，焚百家之言，以愚黔首。墮名城，殺豪俊，收天下之兵聚之咸陽，銷鋒鑄鐻，以爲金人十二，以弱黔首之民。然後斬華爲城，因河爲津，據億丈之城，臨不測之谿以爲固。良將勁弩守要害之處，信臣精卒陳利兵而誰何①，天下以定。秦王之心，自以爲關中之固，金城千里，子孫帝王萬世之業也。

秦王既沒，餘威振於殊俗。陳涉，甕牖繩樞之子，甿隸之人，而遷徙之徒，才能不及中人，非有仲尼、墨翟之賢，陶朱、猗頓之富，躡足行伍之間，而偏起什伯之中，率罷散之卒，將數百之衆，而轉攻秦。斬木爲兵，揭竿爲旗，天下雲集響應，贏糧而景②從，山東豪俊遂幷起而亡秦族矣。

漢書音義曰：『首出十長百長之中。』如淳曰：『時皆辟屈在十百之中。』

且夫天下非小弱也，雍州之地，殽函之固自若也。陳涉之位，非尊於齊、楚、燕、趙、韓、魏、宋、衛、中山之君；鉏櫌棘③矜，非錟④於句戟長鎩也；謫戍之衆，非抗於九國之師；深謀遠慮，行軍用兵之道，非及鄉時之士也。然而成敗異變，功業相反也。試使山東之國與陳涉度長絜大，比權量力，則不可同年而語矣。然秦以區區之地，千乘之權，招八州而朝同列，百有餘年矣。然後以六合爲家，殽函爲宮，一夫作難而七廟墮，身死人手，爲天下笑者，何也？仁義不施而攻守之勢異也。

注釋 ①誰何：誰能奈何。又說何通「呵」，呵叱。②景：同「影」。③棘：通「戟」。
④錟：同「銛」，鋒利。

譯文 等到秦王即位的時候，他繼承了前六代先王遺留下來的基業，揮舞着長鞭控制整個天下，兼幷了西、東二周，消滅了各國諸侯，登上了至高無上的帝位，控制了天地四方，始皇手裏拿着鞭子來鞭笞天下，威名響徹四海。秦國向南取得了百越地區，設立了桂林、象郡，百越的君主全部都俯首帖耳，用繩子繫住脖子，把生命交給那些秦國的下級官吏。秦王又派蒙恬到北方脩築長城，作爲秦國防範外族侵擾的邊界，使匈奴退卻七百多里，胡人不敢南下牧馬，武士不敢挽弓復仇。然後，始皇廢除了古代帝王的原則，焚燒了諸子百家的典籍，想要通過這種方法來使百姓變得愚鈍。他破壞堅固的名城，殺死豪傑俊士，沒收全國的兵器，將所有的兵器都集中到咸陽，然後集中銷毀，熔鑄成一口大鐘，又做了十二個銅人，以此來削弱百姓的反抗力量。然後他把華山劈開作爲城垣，將黃河作爲渡口，據守在高達億丈的城池之上，下臨深不可測的山澗谿流，認爲這樣以後，秦國的統治就會固若金湯。始皇派遣優秀的將領、強勁的弓弩手把守在要害的地方。大臣忠誠，士兵精銳，誰也奈何不了這樣強大的裝備，因而天下得到了安定。秦王的心裏，以爲函谷關的堅固，如同千里銅牆鐵壁一樣，子孫可以世代做帝王，功業流傳千秋萬代。

秦王死了之後，他的餘威還遠震四面八方。陳涉衹是一個窮苦人家的孩子，是一個爲人傭耕的流亡之人，他的才能甚至比不上一個普通人，他幷沒有仲尼、墨翟那樣的賢明，也沒有陶朱、猗頓那樣富有，祇是士卒中一個普通的小兵，卻能夠在田野之中崛起，率領着疲憊散亂的士兵，帶着幾百個人，轉身攻打秦國。他們用砍斷的樹木作爲兵器，高舉竹竿作爲旗幟，天下百姓聚集到一起響應陳涉的號召，攜帶着糧食，如影相隨，同一時間，殽山以東的豪傑俊士也揭竿而起，一舉消滅了秦國。

況且那秦國本身并沒有變得弱小，雍州的領土，殽山、函谷關的險要和堅固，也與從前沒什麼兩樣。陳涉的地位，并不比齊、楚、燕、趙、韓、魏、宋、衛、中山等諸侯的君主尊貴；鋤把戟柄，并沒有鈎戟長矛鋒利；這些被流放到遠方，戍守邊疆的一群百姓，并不能與九個諸侯國的軍隊抗衡；運用謀略，行軍用兵的方法，也比不上過去的謀士。但是成敗情況卻發生了巨大的變化，所建立的功業大小也截然相反。如果拿殽山以東各諸侯國的勢力與陳涉所率領的幾百人相比，無論是權勢還是力量，是不可能相提并論的。秦憑借他們一塊小小的領土，一個祇有一千輛兵車的力量，讓八方諸侯拱手臣服，使與自己地位同等的諸侯來秦朝見，這種情形持續了一百多年。然後秦國才將天地四方當成自己的私物，用殽山、函谷關作爲城牆，一個人起來反抗，整個宗廟都被毀滅，自己還死在別人手中，被全天下取笑，這是爲什麼呢？是秦國不施行仁義，而使進攻和防守的形勢發生了變化的緣故。

原文

秦并海内，兼諸侯，南面稱帝，以養四海，天下之士斐[1]然鄉風，若是者何也？曰：近古之無王者久矣。周室卑微，五霸既歿，令不行於天下，是以諸侯力政[2]，強侵弱，衆暴寡，兵革不休，士民罷敝。今秦南面而王天下，是上有天子也。既元元之民冀得安其性命，莫不虛心而仰上，當此之時，守威定功，安危之本在於此矣。

秦王懷貪鄙之心，行自奮之智，不信功臣，不親士民，廢王道，立私權，禁文書而酷刑法，先詐力而後仁義，以暴虐爲天下始。夫并兼者高詐力，安定者貴順權，此言取與守不同術也。秦離戰國而王天下，其道不易，其政不改，是其所以取之守之者無異也。孤獨而有之，故其亡可立而待。借使秦王計上世之事，并殷周之迹，以制御其政，後雖有淫驕之主而未有傾危之患也。故三王之建天下，名號顯美，功業長久。

注釋 ①斐：通『靡』。②力政：以武力征伐。政，通『征』。

譯文 秦國吞并四海，兼并諸侯，向南稱帝，安撫國內百姓，天下之士看見這樣淳樸的鄉風都十分佩服，產生這樣的局面的原因是什麼呢？或許可以這樣說：是因爲近古以來已經很長時間沒有帝王統一天下了。周室逐漸衰微，五霸已經去世，天子政令不能下達全國，所以諸侯企圖通過武力，強國侵略弱國，人口多的國家欺壓人口少的國家，諸侯之間戰爭連綿不斷，百姓疲憊不堪。現在秦王面南而坐，在天下稱王，這就在上面有了一個天子。所有平民百姓都希望能安居樂業，全都虛心敬仰天子。在這個時候，保持威勢，鞏固基業，這就是國家安危的關鍵。

秦王懷着一顆貪婪卑鄙的心理，獨斷專行，不信任有功之臣，不親近文士百姓，廢棄了仁義治國的原則，爲了樹立始皇的個人權威，他禁止民間流傳各種典籍，同時采用殘酷的刑法制度，治國將權術暴力放在首位，將仁義道德放在後面，暴虐統治天下的序幕就此拉開了。兼并天下的人都喜歡權力和暴力，而安定天下的人則應該重視民心，順應民意，這就是說取得天下與守住天下在方法上是不同的。秦國結束了各諸侯國戰亂紛爭的局面，稱王天下，但是它并沒有改變自己的統治原則，它的政策法令也沒有改變，它用來創業和守業的方法并沒有什麼不同。秦王衹身一人占有整個天下，因此秦國的滅亡爲期不遠了。假使秦王能夠參考一下上古的事情，以及商朝、周朝興衰的原因，并且據此來制訂和實行治國的政策，儘管後世有驕奢淫逸的君主，也不會出現危亡的災難。因此三王建立國家，名號顯揚，功垂後世。

原文 今秦二世立，天下莫不引領而觀其政。夫寒者利裋褐而飢者甘糟糠，天下之嗷嗷，新主之資也。此言勞民之易爲仁也。鄉使二世有庸主之行，而任忠賢，臣主一心而憂海內之患，縞素而正先帝之過，裂地分民以封功臣之後，建國立君以禮天下，虛囹圄而免刑戮，除去收帑汙穢之罪，使各反其鄉里，發倉廩，散財幣，以振①孤獨窮困之士，輕賦少事，以佐百姓之急，約法省刑以持其後，使天下之人皆得自新，更節脩行，各慎其身，塞萬民之望，而以威德與天下，天下集矣。即四海之內，皆讙然各自安樂其處，唯恐有變，雖有狡猾之民，

趙岐曰：『褐以毛毳織之，若馬衣。或以褐編衣也。』

無離上之心，則不軌之臣無以飾其智，而暴亂之奸止矣。二世不行此術，而重之以無道，壞宗廟與民，更始作阿房宮，繁刑嚴誅，吏治刻深，賞罰不當，賦斂無度，天下多事，吏弗能紀，百姓困窮而主弗收恤。然後奸僞并起，而上下相遁，蒙罪者衆，刑戮相望於道，而天下苦之。自君卿以下至於衆庶，人懷自危之心，親處窮苦之實，咸不安其位，故易動也。是以陳涉不用湯武之賢，不藉公侯之尊，奮臂於大澤而天下響應者，其民危也。故先王見始終之變，知存亡之機，是以牧民之道，務在安之而已。天下雖有逆行之臣，必無響應之助矣。故曰『安民可與行義，而危民易與爲非』，此之謂也。貴爲天子，富有天下，身不免於戮殺者，正傾非也。是二世之過也。

注釋

①振：同『賑』。

譯文

現在秦二世即位，天下百姓全都伸長了脖子準備圍觀他的政令措施。那些挨冷受凍的人能夠有件粗布短衣就很滿意，那些飢餓難耐的人能夠有些粗茶淡飯就感覺很滿足，天下百姓飢寒難耐，這恰好是新皇即位用以治國安民的基本。也就是説這個時候很容易對勞苦的民衆實行仁德的政治舉措。假如秦二世能夠具有過去普通君主一樣的德行，同時善於任用忠臣賢士，君臣同心，將四海之內的百姓之苦時刻挂在心上，在爲先帝守喪的時候就能夠糾正先帝的錯誤，割裂疆土，劃分民戶，將土地分封給有功的臣子以及他們的後裔，讓他們創立諸侯王國，設置君主，用禮制來經營天下，這樣一來監獄就會空無一人，百姓也能夠免遭刑戮，廢除那些收押罪人妻子兒女爲奴隸以及其他各種污穢的罪名，讓罪犯能夠重新返回自己的家鄉，打開國庫，向天下散發錢財，發放糧食，救濟那些孤獨窮困的人，減輕賦稅，幫助百姓度過困難危機的時刻，減輕刑法，衹有在禮義教化無效時才使用刑法，使天下百姓都能洗心革面，重新做人，改變爲人處事的態度，脩養自身的品行，人人都謹慎地立身處世，滿足千萬百姓的願望，而以威震天下的仁德來治理國家，這樣一來全國上下就會齊心協力。那麼，四海之內，民衆都歡歡喜喜，各自安居樂業，生怕發生任何變化，即使偶爾有狡詐頑猾的人，也不會產生背叛皇帝的想法，這樣一來，有不軌想法的大臣就沒有辦法掩飾他的陰謀詭計，而那些暴亂奸邪一類的事件也就不會再發生了。二世沒有采用這種治國方法，反而變本加厲，更加暴虐無道，損害祖上留下的基業，傷害子民，又開始修築阿房宮，制定更加繁複的刑罰制度，嚴於誅殺，官吏處置事情刻薄殘酷，沒有恰當的獎賞和懲罰，無限制地徵收百姓賦稅，天下事情繁多複雜，官吏無法全部處理，百姓貧困，身爲君主卻沒有進行安撫救濟。這樣一來，奸邪詐僞的事情一起爆發，官吏上下互相隱瞞，獲罪的人越來越多，受刑被殺的人堵塞了道路，天下百姓苦不堪言。自卿相以下一直到庶民百姓，人人誠惶誠恐，懷着自危的心情，處在窮困苦難的境地，都不安於自己所處的地位，很容易產生動搖。因此陳涉不需要具有商湯、周武王那樣優秀的才能和德行，也不需要具有公侯一樣的尊貴地位，祇需要在大澤鄉振臂一呼，就會天下響應，這是因爲百姓始終心懷危懼啊。古代先王能夠從始至終洞察事物的變化規律，從中得知國家存亡的契機，因此，統治人民的原則，在於盡心盡力讓百姓安定而已。這樣，就算天下有倒行逆施的臣子，也一定不會得到人民的響應。所以說『生活安定的百姓能夠奉公守法，而生活在惶恐不安中的人民則很容易與他們一起爲非作歹』，說的就是這個道理。皇帝雖然貴爲天子，坐擁天下的財富，卻無法免遭殺身之禍，是因爲挽救國家危亡的方法不正確。這正是秦二世的錯誤啊。

原文 襄公立，享國十二年。初爲西畤。葬西垂。生文公。

文公立，居西垂宮。五十年死，葬西垂。生靜公。

靜公不享國而死。生憲公。

憲公享國十二年，居西新邑。死，葬衙。生武公、德公、出子。

出子享國六年，居西陵。庶長弗忌、威累、參父三人，率賊賊出子鄙衍，葬衙。武公立。

武公享國二十年。居平陽封宮。葬宣陽聚東南。三庶長伏其罪。

紀云葬平陽，初以人從死。

德公立。

德公享國二年。居雍大鄭宮。生宣公、成公、繆公。葬陽。初伏，以禦蠱。

宣公享國十二年。居陽宮。葬陽。初志閏月。

成公享國四年，居雍之宮。葬陽。齊伐山戎、孤竹。

著音寧，又音貯，著即寧也。門屏之間曰寧，謂學於寧門之人。故詩云『俟我於著乎而』是也。

王劭按紀年云『簡公後次敬公，敬公立十三年，乃至惠公』，辭即難憑，時參稾說。

徐廣曰：『皇甫謐曰葬畢，今按陵西畢陌。』

繆公享國三十九年。天子致霸。葬雍。繆公學著人。生康公。

康公享國十二年。居雍高寢。葬竘社。生共公。

共公享國五年，居雍高寢。葬康公南。生桓公。

桓公享國二十七年。居雍太寢。葬義里丘北。生景公。

景公享國四十年。居雍高寢，葬丘里南。生畢公。

畢公享國三十六年。葬車里北。生夷公。

夷公不享國。死，葬左宮。生惠公。

惠公享國十年。葬車里。生悼公。

悼公享國十五年。葬僖公西。城雍。生剌龔公。

剌龔公享國三十四年。葬入里。生躁公、懷公。其十年，彗星見。

躁公享國十四年。居受寢。葬悼公南。其元年，彗星見。

懷公從晉來。享國四年。葬櫟圉氏。生靈公。諸臣圍懷公，懷公

自殺。

肅靈公，昭子子也。居涇陽。享國十年。葬悼公西。生簡公。

簡公從晉來。享國十五年。葬僖公西。生惠公。其七年。百姓初帶劍。

惠公享國十三年。葬陵圉。生出公。

出公享國二年。出公自殺，葬雍。

獻公享國二十三年。葬囂圉。生孝公。

孝公享國二十四年。葬弟圉。生惠文王。其十三年，始都咸陽。

惠文王享國二十七年。葬公陵。生悼武王。

悼武王享國四年，葬永陵。

昭襄王享國五十六年。葬茝陽。生孝文王。

孝文王享國一年。葬壽陵。生莊襄王。

莊襄王享國三年。葬茝陽。生始皇帝。呂不韋相。

獻公立七年，初行爲市。十年，爲戶籍相伍。

孝公立十六年。時桃李冬華①。

惠文王生十九年而立。立二年，初行錢。有新生嬰兒曰『秦且王』。

悼武王生十九年而立。立三年，渭水赤三日。

昭襄王生十九年而立。立四年，初爲田開阡陌。

孝文王生五十三年而立。

莊襄王生三十二年而立。立二年，取太原地。莊襄王元年，大赦，脩先王功臣，施德厚骨肉，布惠於民。東周與諸侯謀秦，秦使相國不韋誅之，盡入其國。秦不絕其祀，以陽人地賜周君，奉其祭祀。

始皇享國三十七年。葬酈邑。生二世皇帝。始皇生十三年而立。

二世皇帝享國三年。葬宜春。趙高爲丞相安武侯。二世生十二年而立。

右秦襄公至二世，六百一十歲。

注釋 ①華：同『花』。這裏是開花的意思。

譯文 襄公即位，在位十二年。開始脩建西時。襄公去世後埋葬在西垂。生下文公。

文公即位，居住西垂宮。在位五十年去世，埋葬在西垂。生下靜公。

靜公還沒來得及即位就去世了。生下憲公。

憲公在位十二年，居住在西新邑。死後葬在衙邑。生下武公、德公、出子。

出子在位六年，居住在西陵。庶長弗忌、威累、參父三個人，率領盜賊在鄙衍將出子殺死，埋葬在衙邑。立武公爲嗣。

武公在位二十年。居住在平陽封宮。埋葬在宣陽聚東南。三個庶長伏法被誅。德公嗣立。

德公在位兩年。居住在雍邑大鄭宮。生下宣公、成公、穆公。死後埋葬在陽邑。開始規定三伏節令，在城郭四門殺狗，禳除暑熱瘟疫。

宣公在位十二年。居住在陽宮。死後埋葬在陽邑。開始記載閏月。

成公在位四年，居住在雍邑的宮殿中。死後埋葬在陽邑。齊國興兵討伐山戎、孤竹。

穆公在位三十九年。天子給予穆公霸主的地位。死後埋葬在雍邑地區。穆公向宮殿門、屏之間的守衛人員學習。生下康公。

康公在位十二年。居住在雍邑高寢。生下共公。

共公在位五年。居住在雍邑高寢。死後埋葬在康公南面。生下桓公。

桓公在位二十七年。居住在雍邑太寢。死後埋葬在義里丘北面。生下景公。

景公在位四十年。居住在雍邑高寢。死後埋葬在丘里南面。生下畢公。

畢公在位三十六年。死後埋葬在車里北面。生下夷公。

夷公還沒來得及即位就死了，死後埋葬在左宮。生下惠公。

惠公在位十年。死後埋葬在車里。生下悼公。

悼公在位十五年。死後埋葬在僖公西面。居住在雍邑築城。生下剌龔公。

剌龔公在位三十四年。死後埋葬在入里。生下躁公、懷公。剌龔公十年的時候，天空出現彗星。

躁公在位十四年。居住在受寢。死後埋葬在悼公南面。躁公元年，出現彗星。

懷公從晉國返回。在位四年。死後埋葬在櫟圉。生下靈公。群臣圍攻懷公，懷公自殺。

肅靈公是昭子的兒子。居住在涇陽。在位十年。死後埋葬在悼公西面。生下簡公。

簡公從晉國返回。在位十五年。死後埋葬在僖公西面。生下惠公。簡公七年，百姓開始佩戴劍器。

惠公在位十三年。死後埋葬在陵圉。生下出公。

出公在位二年。出公自殺而死，死後埋葬在雍邑。

獻公在位二十三年。死後埋葬在嚻圉。生下孝公。

孝公在位二十四年。死後埋葬在弟圉。生下惠文王。孝公十三年，開始建都咸陽。

惠文王在位二十七年。死後埋葬在公陵。生下悼武王。

悼武王在位四年。死後埋葬在永陵。

昭襄王在位五十六年。死後埋葬在茝陽。生下孝文王。

孝文王在位一年。死後埋葬在壽陵。生下莊襄王。

莊襄王在位三年。死後葬在茝陽。生下始皇帝。呂不韋爲丞相。

獻公即位七年，開始設置市場，進行貿易活動。十年，建立戶籍，按五家爲一伍進行編制。

孝公即位十六年，當時桃樹李樹在冬天開花。

惠文王出生後十九年即位。即位兩年的時候，開始鑄造發行錢幣。有一個剛生下來的嬰兒說：『秦國將要稱王天下。』

悼武王生後十九年即位。即位三年時，渭水紅了三天。

昭襄王生後十九年即位。在位四年的時候，開始在耕地上設置新田界。

孝文王生後五十三年即位。

莊襄王生後三十二年即位。即位兩年的時候，攻占太原地區。莊襄王元年，大赦天下，尊崇先王的有功之臣，廣施恩德，親近宗室骨肉，對百姓施加恩德。東周和各國諸侯意圖攻打秦國，秦國派相國呂不韋滅亡東周，吞并了它的國土。秦國沒有斷絕它的祭祀，把陽人地區賜給周君，讓他在那裏奉事周朝祭祀。

始皇在位三十七年。死後埋葬在酈邑。生下二世皇帝。始皇出生後十三年即位。

二世皇帝在位三年。死後埋葬在宜春。趙高爲丞相，封安武侯。二世出生後十二年即位。

右秦襄公到秦二世，一共六百一十年。

原文　孝明皇帝十七年十月十五日乙丑，曰：

周歷已移，仁不代母。秦直其位，呂政殘虐。然以諸侯十三，并兼天下，極情縱欲，養育宗親。三十七年，兵無所不加，制作政令，施於後王。蓋得聖人之威，河神授圖，據狼、狐，蹈參、伐，佐政驅除，距之稱始皇。

始皇既歿，胡亥極愚，酈山未畢，復作阿房，以遂前策。云『凡所爲貴有天下者，肆意極欲，大臣至欲罷先君所爲』。誅斯、去疾，任用趙高。痛哉言乎！人頭畜鳴。不威不伐惡，不篤不虛亡，距之不

括地志云：『秦故胡亥陵在雍州萬年縣南三十四里。』上文『葬以黔首』也。

言胡亥藉帝王之威器，殘酷暴虐滋己惡，惡既深篤，以至滅亡，豈其虛哉。

蔡邕曰：『黄屋者，蓋以黄爲裏。』

徐廣曰：『班固典引曰「永平十七年，詔問臣固，太史遷贊語中寧有非邪？臣對，賈誼言子嬰得中佐，秦未絕也。此言非是，臣素知之耳」。』

得留，殘虐以促期，雖居形便之國，猶不得存。

子嬰度次得嗣，冠玉冠，佩華紱，車黄屋，從百司，謁七廟。小人乘非位，莫不怳忽失守，偷安日日，獨能長念卻慮，父子作權，近取於戶牖之間，竟誅猾臣，爲君討賊。高死之後，賓婚未得盡相勞，餐未及下咽，酒未及濡脣，楚兵已屠關中，真人翔霸上，素車嬰組，奉其符璽，以歸帝者。鄭伯茅旌鸞刀，嚴王退舍。河決不可復壅，魚爛不可復全。賈誼、司馬遷曰：『鄉使嬰有庸主之才，僅得中佐，山東雖亂，秦之地可全而有，宗廟之祀未當絕也。』秦之積衰，天下土崩瓦解，雖有周旦之材，無所復陳其巧，而以責一日之孤，誤哉！俗傳秦始皇起罪惡，胡亥極，得其理矣。復責小子，云秦地可全，所謂不通時變者也。紀季以酅，春秋不名。吾讀秦紀，至於子嬰車裂趙高，未嘗不健其決，憐其志。嬰死生之義備矣。

譯文

孝明皇帝十七年十月十五日乙丑，說：

周朝的氣數已經到頭了，按照歷來的仁德規範，處在子位的王朝不能取代母位的王朝。秦朝對周來說，正是處在子位，可如今卻以母位自居，始皇嬴政殘暴不仁。但是卻能在十三歲的時候，以一個諸侯的身份，吞并天下，放縱情欲，撫養宗族。在位三十七年間，兵鋒所向無敵，制定政令，傳給以後的帝王。他大概得到了聖人的天威，河神給了他圖錄，身據狼星、狐星，腳踏參星、伐星，上天幫他驅除了天下逆賊，最終得以統一天下，號稱始皇。

始皇死後，胡亥非常蠢鈍，驪山工程尚未結束，又要繼續脩建阿房宮，衹是爲了完成始皇過去遺留下來的計劃。說『凡是尊貴又掌握了天下的人，都可以隨心所欲，爲所欲爲。大臣們怎麼能試圖廢除先帝所做的事情呢』。二世殺死了李斯、馮去疾，任用趙高。二世說的話，實在是令人心痛啊！他雖然長着人頭，說的話卻像畜生在叫。如果沒有帝王的威勢好像就不能顯示自己的邪惡。邪惡不日積月累，秦國就不會輕易滅亡，到了帝位無法維持的時候，殘酷暴虐衹能讓在位的時間更加短暫。儘管秦國占據了有利的國土地形，還是不能存身立國。

子嬰按照次序嗣立爲王，頭戴玉冠，身上佩戴着華麗的繫印絲帶，使用黃繒作蓋的車子，身後百官跟隨，前往祭拜列祖的靈廟。假如小人登上原本不屬於自己的位子，就會感到終日恍恍惚惚，生怕失去什麼，衹求每天苟且偷安，子嬰卻能夠有一個長遠的打算，排除憂慮，與自己的兒子商議之後，運用計謀，就近在門戶之內，殺死了狡猾的奸臣，替已死的皇帝誅殺了趙高這個亂臣賊子。趙高死後，賓親姻婭還沒來得及悉數慰勞，飯還沒來得及咽下去，酒還沒來得及沾到嘴唇，楚國的士兵已經屠戮關中，眞人來到霸上，子嬰素車白馬，用絲帶綁住自己的脖子，手捧他的符節和印璽，來向眞正的帝王皇帝歸降。眞有點像當年鄭伯左持茅旌，右執鸞刀，楚莊王後撤七里。黃河一旦有了缺口就很難再堵上，魚腐爛了就不能再使它完好無損。賈誼、司馬遷說：『假如當時子嬰具有普通君主一樣的能力，擁有中等才能的輔佐大臣，儘管殽山以東發生叛亂，秦國原來的土地還是可以保全的，宗廟祭祀也不至於斷絕。』秦國的衰敗局面是日積月累形成的必然趨勢，天下土崩瓦解，就算是有周公旦這樣的人才，也無法施展他的聰明才智，而如果將全部的責任都歸結到一個即位短暫的君主身上，那是錯誤的！民間傳說認爲罪惡起源於秦始皇，到胡亥即位的時候罪孽達到登峰造極的境界，這一看法是有道理的。

賈誼、司馬遷又責備子嬰，說秦國的國土本來是可以保全的，這就是所說的不懂得形勢變化。齊國將要吞滅紀國，紀季把酅邑送給了齊國，成爲齊國的屬國，并使紀國的宗廟祭祀保存下來。《春秋》中贊美他的做法，記載這件事的時候，沒有直接寫上他的名字。我讀《秦紀》，讀到子嬰車裂趙高的時候，未嘗不稱贊他的決斷果敢又非常雄武，對他的志向表示同情。子嬰就死生大義而言，是完全具備的。

賞析 秦國從襄公被封爲諸侯以後，經過二十幾代人的苦心經營，在政治、經濟、軍事上在戰國七雄中占據了絕對的優勢，天下統一也爲大勢所趨。秦始皇順時乘勢，奮發努力，終於兼并六國，建立了我國歷史上第一個中央集權的封建國家。接着，他又在政治、經濟、軍事、文化諸方面實施了一系列重大措施，以健全和鞏固新政權。然而，短短十幾年，這個空前強大的封建王朝就被農民起義的洶涌波濤沖毀了。應該說，秦始皇對中華民族的形成和壯大所做出的重大貢獻，由他領導制定的一系列管理國家的法令、制度、方針、政策對後世的深遠影響，在中國的歷史上是永遠不會磨滅的。但可惜的是，由於他的驕橫殘暴，濫用民力，橫徵暴斂，嚴刑酷法，使他的許多本來可能有利於社會經濟、文化發展的政策未能起到應有的作用，使廣大人民重新陷入水深火熱之中，加速了秦王朝的滅亡。

這篇本紀以秦始皇和秦二世的活動爲中心，逐年敘寫，簡中有繁，概括與重筆相間，通篇讀來，不僅給人以歷史的原貌，還可以使人感到一切都是歷史的必然，兩代帝王的形象活脫脫地呈現在眼前。

寫秦始皇，首先簡要地歷數了他在前代取得重大勝利的基礎上，調兵遣將，乘勝進擊，并吞六國的過程，中間穿插記敘了粉碎嫪毐及呂不韋集團、李斯上書諫逐客令、尉繚獻計等事件。然後依次敘寫他統一天下後的言行和事件，一方面列舉了諸如議帝號、改曆法服色、分天下爲三十六郡、統一法律、統一度量衡和文字、巡行刻石、南取陸梁地、北擊匈奴、脩築長城和咸陽宮、關於學古與師今的一場大辯論、焚書坑儒等等；另一方面又列舉了秦始皇不惜巨資派人入海求仙、大興土木建造阿房宮和驪山陵墓、隨意殺戮無辜等等。通過以上這些，不僅表現了秦始皇的政治、軍事才能和禮賢下士、重用人才的作風，而且也表現了他的愚昧荒誕、暴虐凶殘，爲了自己生前死後的享受而不惜民力民財的驕奢淫逸。其中有許多典型的事例或通過敘寫，或借用他人之口，補寫始皇帝之性情，均寫得有聲有色，活靈活現。一個傑出君主同時又是凶狠暴君的秦始皇的形象就這樣被生動形象地勾勒出來。

寫秦二世，施以重墨，着意敘寫了在秦始皇逝世之後，他與趙高合謀篡權的詳細經過和他的極端殘虐、腐朽，生動深刻地揭露出一個昏庸暴君和陰謀家的醜惡嘴臉。尤其是對趙高殺二世、子嬰殺趙高的精雕細刻，曲折驚險，飽含着作者對二世和趙高的深深憎惡。

歷史發展的總趨勢總是越來越走向進步。司馬遷以其樸素的唯物主義歷史觀，把考察秦朝『成敗興壞之紀』的思想貫穿於《秦始皇本紀》全篇，不僅給人們展示了秦始皇這個大譽大毁集於一身的封建帝王的一生，而且一直在探尋着秦朝的統一及滅亡的原因，他在篇末的論贊中大段引述西漢政論家賈誼《過秦論》的內容，并稱贊說：『善哉乎賈生之推言之也！』這對我們認識秦朝的歷史有一定參考意義。

集評　【索隱述贊】六國陵替，二周淪亡。并一天下，號爲始皇。阿房雲構，金狄成行。南游勒石，東瞰浮梁。滈池見遺，沙丘告喪。二世矯制，趙高是與。詐因指鹿，災生噬虎。子嬰見推，恩報君父。下乏中佐，上乃庸主。欲振頹綱，云誰克補。

項羽本紀

題解　《項羽本紀》選自《史記》卷七，本紀第七。本篇通過秦末農民大起義和楚漢之爭的宏闊歷史場面，生動而又深刻地描述了項羽的一生。他既是一個力拔山兮氣蓋世、『近古以來未嘗有』的英雄，又是一個性情暴戾、優柔寡斷、衹知用武不諳機謀的匹夫。司馬遷巧妙地把項羽性格中矛盾的各個側面，有機地統一於這一鴻篇巨制之中，雖然不乏深刻的撻伐，但更多的卻是由衷的惋惜和同情。項羽雖未稱帝，卻實有帝王之尊，他上承始皇，下啓劉漢，故司馬遷將其傳列入本紀。

原文　項籍者，下相人也，字羽。初起時，年二十四。其季父項梁，梁父即楚將項燕，爲秦將王翦所戮者也。項氏世世爲楚將，封於項，故姓項氏。

此云爲王翦所殺，與楚漢春秋同，而始皇本紀云項燕自殺。不同者，蓋燕爲王翦所圍逼而自殺，故不同耳。

項籍少時，學書不成，去學劍，又不成。項梁怒之。籍曰：『書足以記名姓而已。劍一人敵，不足學，學萬人敵。』於是項梁乃教籍兵法，籍大喜，略知其意，又不肯竟學。項梁嘗有櫟陽逮，乃請蘄獄掾曹咎書抵櫟陽獄掾司馬欣，以故事得已。項梁殺人，與籍避仇於吳中。吳中賢士大夫皆出項梁下。每吳中有大繇役及喪，項梁常爲主辦，陰以兵法部勒賓客及子弟，以是知其能。秦始皇帝游會稽，渡浙江，梁與籍俱觀。籍曰：『彼可取而代也。』梁掩其口，曰：『毋妄言，族矣！』梁以此奇籍。籍長八尺餘，力能扛鼎，才氣過人，雖吳中子弟皆已憚籍矣。

應劭曰：『項梁曾坐事傳繫櫟陽獄，從蘄獄掾曹咎取書與司馬欣。抵，歸；已，止也。』

項羽

譯文　項籍是下相人，羽是他的字。項羽起兵的時候

二十四歲。他的叔父名叫項梁，項梁的父親就是楚國著名的將領項燕，被秦將王翦殺死的那個人。項氏世代爲楚將，分封在項，因此得姓項氏。

項籍小時候，沒學成念書寫字，就放棄了，改學擊劍，結果又沒學成。叔父項梁對他很生氣。項籍說：『識字能夠會寫自己的姓名就可以了。劍也不過衹能殺死一個敵人罷了，這些都不值得學習，要學就學習能夠抵抗萬人的。』於是叔父項梁就教項籍兵法，項籍十分高興，大致了解了兵法的意思，但是又不願意將兵法認眞學完。項梁曾因爲櫟陽罪案受到牽連，就請蘄縣獄掾曹咎給櫟陽獄掾司馬欣寫信，事情才得以了結。項梁殺了人，帶着項籍到吳中躲避仇家。吳中那些有才能的士大夫都比不上項梁。每當吳中有大規模的徭役和喪葬的時候，都是項梁主持辦理，項梁暗中用兵法部署調度賓客和子弟，所以能夠掌握每個人的能力。秦始皇巡游會稽，渡過浙江的時候，項梁帶着項籍一同前去觀看。項籍說：『那個皇帝，我可以取代他。』項梁立即捂住項籍的嘴，說：『不許胡說八道，這是要株連九族的大罪啊！』此後，項梁開始覺得項籍不同於一般人。項籍身高八尺有餘，天生神力，能夠舉起一個大鼎，同時他才氣過人，就連那些有才的吳中子弟也都很敬畏他。

謂先舉兵能制得人，後則爲人所制。故荀卿子曰『制人之與爲人制也，其相去遠矣』。

原文

秦二世元年七月，陳涉等起大澤中。其九月，會稽守通謂梁曰：『江西皆反，此亦天亡秦之時也。吾聞先即制人，後則爲人所制。吾欲發兵，使公及桓楚將。』是時桓楚亡在澤中。梁曰：『桓楚亡，人莫知其處，獨籍知之耳。』梁乃出，誡籍持劍居外待。梁復入，與守坐，曰：『請召籍，使受命召桓楚。』守曰：『諾。』梁召籍入。須臾，梁眴籍曰：『可行矣！』於是籍遂拔劍斬守頭。項梁持守頭，佩其印綬。門下大驚，擾亂，籍所擊殺數十百人。一府中皆慴伏，莫敢起。梁乃召故所知豪吏，諭以所爲起大事，遂舉吳中兵。使人收下縣，得精兵八千人。梁部署吳中豪傑爲校尉、候、司馬。有一人不得用，自言於梁。梁曰：『前時某喪使公主某事，不能辦，以此不任用公。』衆乃皆伏①。於是梁爲會稽守，籍爲裨將，徇下縣。

注釋 ①伏：同『服』，敬服，佩服。

譯文

秦二世元年七月的時候，陳涉等人在大澤鄉發動起義。這一年的九月，會稽郡守殷通對項梁說：『江西全都造反了，這也是上天要讓秦朝滅亡啊！我聽說先發則能制人，後發則爲人所制。我想要發兵參與起義，請你和桓楚帶領。』當時桓楚逃亡到了湖澤之中。項梁說：『桓楚現在流亡在外，大家都不知道他的下落，衹有項籍知道。』項梁走出來，告訴項籍拿着劍在外面等候召喚。項梁又走進去，與郡守坐在一起。項梁說：『請您允許我叫項籍進來，讓他接受命令召回桓楚。』郡守說：『可以。』項梁召喚項籍進來。沒過多久，項梁使眼色給項籍說：『可以行動了。』於是項籍拔出劍砍掉了郡守的腦袋。項梁拿着郡守的頭顱，身上佩戴着郡守的官印。郡守的侍從護衛全都大驚失色，陷入一片混亂之中，項籍一個人殺死了數百人。全府的人都對項籍惶懼畏服，沒有敢動手反抗的人。項梁召集了往日熟悉的有膽識的官吏，將所要做的起兵反秦這件大事跟大家講明，於是徵集吳中士兵起義。派人搜羅吳中下屬各縣壯丁，召集了八千名精兵。項梁安排吳中豪傑擔任校尉、侯、司馬等職。有一個人沒有得到項梁的任用，自己去向項梁申述。項梁說：『前不久有一個喪事，讓你主辦，你不能辦，所以沒辦法任用你。』因此大家都很佩服項梁。項梁擔任會稽郡守，項籍爲裨將，安撫鎮壓下屬縣邑。

晉灼曰：『東陽縣本屬臨淮郡，漢明帝分屬下邳，後復分屬廣陵。』

原文

廣陵人召平於是爲陳王徇廣陵，未能下。聞陳王敗走，秦兵又且至，乃渡江矯陳王命，拜梁爲楚王上柱國。曰：『江東已定，急引兵西擊秦。』項梁乃以八千人渡江而西。聞陳嬰已下東陽，使使欲與連和俱西。陳嬰者，故東陽令史，居縣中，素信謹，稱爲長者。東陽少年殺其令，相聚數千人，欲置長，無適用，乃請陳嬰。嬰謝不能，遂強立嬰爲長，縣中從者得二萬人。少年欲立嬰便爲王，異軍蒼頭特起。陳嬰母謂嬰曰：『自我爲汝家婦，未嘗聞汝先古之有貴者。今暴得大名，不祥。不如有所屬，事成猶得封侯，事敗易以亡，非世所指名也。』嬰乃不敢爲王。謂其軍吏曰：『項氏世世將家，有名於楚。今欲舉大事，將非其人，不可。我倚名族，亡秦必矣。』於是衆從其言，以兵屬項梁。項梁渡淮，黥布、蒲將軍亦以兵屬焉。凡六七萬人，軍下邳。

譯文

廣陵人召平這時爲陳王巡視招撫廣陵，沒能完成任務。召平聽說陳王戰敗潰逃，秦兵又快要趕到了，就渡江假借陳王的名義，拜項梁爲楚王的上柱國。召平說：『江東已經平定，趕快引兵西進攻打秦軍。』項梁就派遣八千人渡江向西進發。他聽說陳嬰已經攻下東陽，便派遣使者拜訪陳嬰，想要與陳嬰聯合西進。陳嬰這個人，原本是東陽令史，在縣裏爲人一向誠實謹慎，大家都把他當成是忠厚之人。東陽的青年殺死了他們的縣令，然後聚集了幾千人，想要選一個首領，沒有找到合適的人，就請陳嬰來擔任。陳嬰不想擔任卻又無法推辭，衹能被迫成爲義軍首領。縣中跟隨陳嬰的人加起來一共有兩萬人。青年們想要推舉陳嬰稱王，這裏的士兵爲了與其他各路軍隊相區別，頭上都包裹着青巾，是異軍突起的意思。陳嬰的母親對陳嬰說：『自從我做了你們陳家的媳婦，從來沒聽說過你的前輩之中有誰身世顯赫，現在你突然得到如此宏大的名聲，恐怕不是好兆頭。不如有所歸屬，假如事情成功了，還可以封侯挂帥，一旦事情失敗了，也能夠得以逃脫，因爲不是世人所關注的人。』所以陳嬰不敢稱王。他對自己的士兵們說：『項家世代爲將，在楚地非常有聲望。現在如果想要幹成大事，不找到他們擔任將帥是不行的。我們有項氏這一名門大族做依靠，一定能讓秦朝滅亡。』於是，大家都聽從他的話，將軍隊歸項梁統領。項梁渡過淮水，黥布、蒲將軍也率軍歸附。這時項梁的軍隊加起來共有六七萬人，駐扎在下邳。

括地志云：『徐州彭城縣，古彭祖國也。』言秦嘉軍於此城之東。

顧著作云：『固宜當應敗也。』當音如字。

原文 當是時，秦嘉已立景駒爲楚王，軍彭城東，欲距項梁。項梁謂軍吏曰：『陳王先首事，戰不利，未聞所在。今秦嘉倍陳王而立景駒，逆無道。』乃進兵擊秦嘉。秦嘉軍敗走，追之至胡陵。嘉還戰一日，嘉死，軍降。景駒走死梁地。項梁已并秦嘉軍，軍胡陵，將引軍而西。章邯軍至栗，項梁使別將朱雞石、余樊君與戰。余樊君死。朱雞石軍敗，亡走胡陵。項梁乃引兵入薛，誅雞石。項梁前使項羽別攻襄城，襄城堅守不下。已拔，皆阬①之。還報項梁。項梁聞陳王定死，召諸別將會薛計事。此時沛公亦起沛，往焉。

居鄛人范增，年七十，素居家，好奇計，往說項梁曰：『陳勝敗固當。夫秦滅六國，楚最無罪。自懷王入秦不反，楚人憐之至今，故楚南公曰「楚雖三戶，亡秦必楚」也。今陳勝首事，不立楚後而自立，盱，況於反。眙，以之反。盱眙，今楚州，臨淮水，懷王都之。

其勢不長。今君起江東，楚蜂午之將皆爭附君者，以君世世楚將，爲能復立楚之後也。』於是項梁然其言，乃求楚懷王孫心民間，爲人牧羊，立以爲楚懷王，從民所望也。陳嬰爲楚上柱國，封五縣，與懷王都盱臺。項梁自號爲武信君。

注釋 ①阬：同『坑』，活埋，坑埋。

譯文 那個時候，秦嘉已經立景駒爲楚王，駐扎在彭城東面，想要與項梁相抗衡。項梁對士兵說：『陳王率先起事，作戰不利，現在下落不明。現在秦嘉背叛陳王而立景駒爲王，這是大逆不道的舉動。』項梁就帶兵攻打秦嘉，秦嘉的軍隊大敗逃跑，項梁一直追到胡陵。秦嘉率軍反抗了一天，最後陣亡，士兵投降。景駒逃跑，最後死在梁地。項梁已經將秦嘉的軍隊合并到自己的隊伍裏，駐扎在胡陵，準備率領軍隊西進。章邯的軍隊到達栗縣，項梁派別將朱鷄石、余樊君與他交戰。余樊君戰死，朱鷄石戰敗，逃跑到胡陵。項梁便帶領軍隊進入薛縣，殺了朱鷄石。在此之前，項梁派項羽率領另一隊士兵攻打襄城，襄城軍隊堅守城池，不肯投降。攻克襄城之後，項羽坑殺了襄城的全部守城軍，回來向項梁報告。項梁聽說陳王確實死了，就召集各路將領到薛縣會合共同商討大事。這時沛公也起兵於沛，正帶兵前往薛縣。

居鄛人范增，當時已經七十歲了，一向住在家裏，喜歡謀劃奇策妙計。他去游說項梁說：『陳勝失敗本來是應該的。秦國消滅六國，楚國是最無辜的。自從楚懷王去秦國沒有返回，楚人至今仍然很想念他。因此楚南公說「楚國雖然人口不多，但是滅掉秦國的一定是楚人」。現在陳勝率先起事，沒有擁立楚國的後裔爲王反而自立爲王，他的有利局勢一定不會長久。現在你在江東起兵，楚地將領蜂擁而至，爭先恐後歸附於你，這其中的緣由，正是因爲項家世代都在楚國爲將，能夠再擁立楚國的後裔。』項梁認爲范增說得很對，就在民間找到了楚懷王的孫子心，他當時正給人放羊，項梁擁立心爲楚懷王，順從了人民的願望。陳嬰爲楚上柱國，封地有五個縣，和楚懷王都在盱臺建都。項梁自稱爲武信君。

原文 居數月，引兵攻亢父，與齊田榮、司馬龍且軍救東阿，大破秦軍於東阿。田榮即引兵歸，逐其王假。假亡走楚。假相田角亡走趙。角弟田間故齊將，居趙不敢歸。田榮立田儋子市爲齊王。項梁已破東

呂温侯濮陽大戰

濮陽位於河南省的東北部，是冀、魯、豫三省交界處。這裏是中原腹地、黃河要津，向來爲兵家必爭之地，春秋時期的城濮之戰就發生在濮陽一帶，秦漢之後的三國時期這裏依舊是軍事要衝。

阿下軍，遂追秦軍。數使使趣齊兵，欲與俱西。田榮曰：『楚殺田假，趙殺田角、田間，乃發兵。』項梁曰：『田假爲與國之王，窮來從我，不忍殺之。』趙亦不殺田角、田間以市於齊。齊遂不肯發兵助楚。項梁使沛公及項羽別攻城陽，屠之。西破秦軍濮陽東，秦兵收入濮陽。沛公、項羽乃攻定陶。定陶未下，去，西略地至雝丘，大破秦軍，斬李由。還攻外黃，外黃未下。

譯文　幾個月之後，項梁帶兵攻打亢父，與齊田榮、司馬龍且的軍隊一起援救東阿，在東阿大敗秦軍。戰後，田榮帶領軍隊重新回到舊地，趕跑了齊王田假。田假逃到楚國。田假的相國田角逃到趙國。田角的弟弟田間原本是齊國的將領，留在趙國不敢回去。田榮立了田儋的兒子爲齊王。項梁已經將東阿方面的秦軍擊敗，於是乘勝追擊。項梁在追擊期間，屢次派遣使者到齊國，催促齊國軍隊與自己的軍隊聯軍西進。田榮說：『如果楚國將田假殺死，趙國將田角、田間殺死，我就出兵攻秦。』項梁說：『田假是與楚國友邦的國王，現在走投無路來投靠楚國，我不忍心殺死他。』爲了作爲與齊國相交換的條件，趙國也不殺田角、田間。於是齊國始終不肯發兵幫助楚國攻打秦國。項梁派沛公和項羽率領另外一支軍隊攻打城陽，將城陽縣城屠毀。軍隊向西在濮陽東面大敗秦軍，秦軍收兵退到濮陽東面。沛公、項羽負責攻打定陶。二人沒有攻下定陶，率軍離去，向西進入略地，到達雝丘，大敗秦軍，攻破李由的隊伍。接着又回軍攻打外黃，沒有攻下來。

原文　**項梁起東阿，西，比至定陶，再破秦軍，項羽等又斬李由，益輕秦，有驕色。宋義乃諫項梁曰：『戰勝而將驕卒惰者敗。今卒少惰矣，秦兵日益，臣爲君畏之。』項梁弗聽。乃使宋義使於齊。道遇齊使者高陵君顯，曰：『公將見武信君乎？』曰：『然。』曰：『臣**

張晏曰：『顯，名也。高陵，縣名。』

論武信君軍必敗。公徐行即免死，疾行則及禍。』秦果悉起兵益章邯，擊楚軍，大破之定陶，項梁死。沛公、項羽去外黃攻陳留，陳留堅守不能下。沛公、項羽相與謀曰：『今項梁軍破，士卒恐。』乃與呂臣軍俱引兵而東。呂臣軍彭城東，項羽軍彭城西，沛公軍碭。

章邯已破項梁軍，則以爲楚地兵不足憂，乃渡河擊趙，大破之。當此時，趙歇爲王，陳餘爲將，張耳爲相，皆走入鉅鹿城。章邯令王離、涉間圍鉅鹿，章邯軍其南，築甬道而輸之粟。陳餘爲將，將卒數萬人而軍鉅鹿之北，此所謂河北之軍也。

楚兵已破於定陶，懷王恐，從盱臺之彭城，并項羽、呂臣軍自將之。以呂臣爲司徒，以其父呂青爲令尹。以沛公爲碭郡長，封爲武安侯，將碭郡兵。

應劭曰：『恐敵抄輜重，故築牆垣如街巷也。』

譯文

項梁自東阿發兵，向西進軍，一直來到定陶，又一次大敗秦軍，項羽等又斬殺了李由，因此，項梁越來越輕敵，逐漸露出驕傲的苗頭。宋義勸告項梁說：『如果打了勝仗將領就表現得驕傲、士兵就開始懈怠，那樣的軍隊一定會失敗。現在士兵有一點懈怠，秦兵日益增多，我爲您感到擔心啊。』項梁聽不進任何勸告。他就派宋義出使齊國。路上遇到齊國使者高陵君顯，就問他：『你是要去見武信君嗎？』高陵君回答說：『是的。』宋義說：『我斷定武信君的軍隊一定會失敗。你如果緩步前進或許可以避免一死，如果你走得太快就要有災難降臨到你身上了。』秦國果然發動全部兵力增援章邯，集中全力攻打楚軍。在定陶大破楚軍，項梁戰死。沛公、項羽離開外黃攻打陳留，陳留城牆堅固，士兵牢固把守，沒能攻打下來。沛公、項羽相互商量說：『現在項梁的軍隊已經大敗，士兵都很恐慌。』於是同呂臣的軍隊一起帶着士兵向東進發。呂臣駐扎在彭城東面，項羽駐扎在彭城西面，沛公駐扎在碭。

章邯已經擊敗了項梁的軍隊，就以爲楚地的敵人已經不足以形成威脅了，他渡過黃河去攻打趙地，大敗趙軍。這個時候，趙歇是趙王，陳餘是將軍，張耳爲相國，都跑進了鉅鹿城。章邯命令王離、涉間一起圍攻鉅鹿，章邯駐扎在鉅鹿的南面，負責修築甬道給士兵輸送糧食。將領陳餘帶着數萬士兵駐扎在鉅鹿北面，這就是所說的河北之軍。

楚軍在定陶已經打了敗仗，楚懷王心裏感到很恐慌，從盱臺來到彭城，將項羽、呂臣的軍隊進行合并，然後親自率領。以呂臣爲司徒，任命他的父親呂青爲令尹。任命沛公爲碭郡長，封爲武安侯，統率碭郡的軍隊。

張晏曰：『若霍去病功冠三軍，因封爲冠軍侯，至今爲縣名。』

淳曰：『用力多而不可以破蟣虱，猶言欲以大力伐秦而不可以救趙也。』

原文　初，宋義所遇齊使者高陵君顯在楚軍，見楚王曰：『宋義論武信君之軍必敗，居數日，軍果敗。兵未戰而先見敗徵，此可謂知兵矣。』王召宋義與計事，而大説之，因置以爲上將軍，項羽爲魯公，爲次將，范增爲末將，救趙。諸別將皆屬宋義，號爲卿子冠軍。行至安陽，留四十六日不進。項羽曰：『吾聞秦軍圍趙王鉅鹿，疾引兵渡河，楚擊其外，趙應其內，破秦軍必矣。』宋義曰：『不然。夫搏牛之虻不可以破蟣虱。今秦攻趙，戰勝則兵罷，我承其敝；不勝，則我引兵鼓行而西，必舉秦矣。故不如先鬬秦、趙。夫被堅執鋭，義不如公；坐而運策，公不如義。』因下令軍中曰：『猛如虎，很①如羊，貪如狼，強不可使者，皆斬之！』乃遣其子宋襄相齊，身送之至無鹽，飲酒高會。天寒大雨，士卒凍飢。項羽曰：『將戮力②而攻秦，久留不行。今歲饑民貧，士卒食芋菽，軍無見糧，乃飲酒高會，不引兵渡河因趙食，與趙并力攻秦，乃曰「承其敝」。夫以秦之強，攻新造之趙，其勢必舉趙。趙舉而秦強，何敝之承！且國兵新破，王坐不安席，埽境內而專屬於將軍，國家安危，在此一舉。今不恤士卒而徇其私，非社稷之臣。』項羽晨朝上將軍宋義，即其帳中斬宋義頭，出令軍中曰：『宋義與齊謀反楚，楚王陰令羽誅之。』當是時，諸將皆慴服，莫敢枝梧。皆曰：『首立楚者，將軍家也。今將軍誅亂。』乃相與共立羽爲假上將軍。使人追宋義子，及之齊，殺之。使桓楚報命於懷王。懷王因使項羽爲上將軍，當陽君、蒲將軍皆屬項羽。

注釋　①很：同『狠』，不聽從，執拗。②戮力：合力，并力。

譯文

從前，宋義遇到的齊國使者高陵君顯還在楚國的軍隊裏，他拜見楚懷王說：『宋義之前斷定武信君的軍隊一定會遭遇失敗，過了幾天，他的軍隊竟然眞的失敗了。軍隊尚未開戰就已經預料到了失敗的徵兆，這可說是精通用兵之道了。』楚懷王立即召見宋義，與他一同商量國事，一番暢談之後，楚懷王非常高興，立即任命宋義爲上將軍，項羽爲魯公，擔任次將，范增擔任末將，一同去援救趙國。各路別將都受宋義統帥，宋義號爲卿子冠軍。大部隊走到安陽的時候，在安陽停留了四十六天沒有前進。項羽說：『我聽說秦軍把趙王圍困在鉅鹿，我們應該立即帶兵渡河，楚軍由外向內攻打，趙軍在內部響應，一定能夠一舉打垮秦軍。』宋義說：『這樣是不對的。咬牛的牛虻對一個小虱子卻束手無策。現在秦軍攻打趙軍，如果將趙軍打敗了，那秦軍一定會兵疲力盡，我們乘秦軍疲憊的時候發動進攻；打不勝，我們就帶領軍隊鳴鼓西進，一定能夠大敗秦軍。因此不如先讓秦、趙兩軍相鬥。若論身披甲冑，手執利器，衝鋒殺敵，宋義可能不如你；但是若論坐下來運籌謀略，你就不如宋義了。』所以宋義向軍中下令說：『那些凶猛如虎，狠戾如羊，貪婪如狼，倔強固執不聽從指揮的人，一律斬首示衆。』宋義又派他的兒子宋襄去輔助齊國，并親自送宋襄到無鹽，擺酒設宴，大會賓客。那個時候，正趕上

天寒雨大，士兵們飢寒交迫。項羽說：『本來打算合力攻秦。現在卻長期停留在這裏不前進。現在正值年荒歲饑，百姓貧困交加，士卒衹能吃芋艿摻豆子，食不果腹，軍中沒有什麼存糧，他宋義卻還在那裏設酒宴，會賓客，而不帶領軍隊渡過黃河就地取用趙國的糧食，還美其名曰要「等待秦軍疲憊」。那秦國兵力強大，進攻剛剛建立的趙國，按照這樣的形勢發展下去，其結果必定是秦軍大敗趙軍。如果秦軍打垮了趙國的軍隊，那麼秦軍的勢力就更加強大，到那時還有什麼疲憊的機會可乘呢？而且楚軍剛剛被秦軍打敗，國君此刻坐不安席，就將國內的所有兵力都集中起來全部交給宋義統帥，國家安危，在此一舉。現在他不體恤士兵，反而徇情營私，不是稱職的臣子。』項羽在淸晨的時候參見了上將軍宋義，接着在他的帳幕中割下了宋義的腦袋，然後出來發號施令說：『宋義和齊國陰謀反楚，楚王下達秘令讓我殺死他。』這時，將領們都很驚恐，沒有敢抗拒項羽的。大家都說：『創建楚國的，是項將軍一家。如今項將軍又處死了叛亂的人。』將領們就共同推立項羽成爲代理上將軍。項羽派人去追宋義的兒子，一直追到了齊國才追上，殺死了他。項羽派桓楚向楚懷王報告。楚懷王就任命項羽爲上將軍，當陽君、蒲將軍都歸項羽管制。